BERNARD LIEVEGOED

DAS GUTE TUN

BERNARD C. J. LIEVEGOED, 1905 in Indonesien geboren, studierte Medizin und Kinderpsychiatrie. Nach der Gründung des ersten heilpädagogischen Instituts 1931 in den Niederlanden und seiner Promotion setzte er sich intensiv mit Fragen der Organisationsentwicklung in Unternehmen auseinander. 1954 wurde er Professor an der Universität Rotterdam und gründete im gleichen Jahr das in vielen Ländern tätige NPI (Institut für Organisationsentwicklung). Bernard Lievegoed starb am 12. Dezember 1992.

BERNARD LIEVEGOED

DAS GUTE TUN

Ankommen im 21. Jahrhundert

Aus dem Englischen
von Frank Berger

Verlag Freies Geistesleben

Aus dem Englischen übersetzt von Frank Berger. Die Originalausgabe erschien 1972 unter dem Titel Towards the Twenty-First Century. Doing the Good bei Steiner Book Centre,Toronto. Die erste deutsche Ausgabe erschien 1983 im Info3-Verlag, Frankfurt am Main, unter dem Titel *Dem einundzwanzigsten Jahrhundert entgegen.* 1991 erschien eine 5. Auflage, ergänzt um ein Interview mit Bernard Lievegoed.

Neuausgabe 2024

ⓔ auch als eBook erhältlich

Verlag Freies Geistesleben
Landhausstraße 82, 70190 Stuttgart
geistesleben.de

Frontispiz: Bernard Lievegoed, Verlagsarchiv

ISBN 978-3-7725-3314-3

Umschlagfoto: Christiane Woltmann,
Detail aus «rites of spring», Monotypie 2011
Umschlaggestaltung: Bianca Bonfert
Satz: Lilly Iyi Omorodion
Druck und Bindung: GGP Media GmbH, Pößneck
Printed in Germany

MIX Papier | Fördert gute Waldnutzung FSC® C014496 FSC www.fsc.org

Druckprodukt mit finanziellem Klimabeitrag ClimatePartner.com/53248-2106-1005

Inhalt

Vorwort zur deutschen Übersetzung

Die folgenden Vorträge wurden 1965 für junge Amerikaner in Spring Valley bei New York gehalten.

Voraus gingen zwei Vorträge in New York, an denen mehr als hundert junge Menschen teilnahmen. Die Vorträge sind nicht mitgeschrieben oder auf Tonband aufgenommen worden. Sie behandeln das Wirken des Erzengels Michael seit 1879 und die geistige Lage der Menschen, die im 20. Jahrhundert geboren wurden.
Damit bildeten sie den Auftakt für die folgenden Vorträge im nahen Spring Valley. Der Kern der Zuhörer hatte die New Yorker Vorträge gehört, und so konnte daran angeknüpft und fortgefahren werden. Dadurch fällt der erste Vortrag ohne Einleitungen sofort «mit der Tür ins Haus» und fährt dort fort, wo in New York aufgehört wurde.

Diese Vorträge sind gehalten für Menschen, die mit den zentralen anthroposophischen Gedanken vertraut sind.

Wenn man in Amerika für junge Menschen spricht, dann braucht man eine andere Sprache als in Europa, besonders in Deutschland: kurze, prägnante Sätze, die direkt das Ziel anvisieren und den Willen ansprechen. In dem amerikanisch-englischen Text kommt dies deutlich zum Vorschein. Bei der Rückübersetzung der Vorträge ins Niederländische oder Deutsche kommt man dann in Schwierigkeiten, weil alles bei wörtlicher Übersetzung anders klingt und deshalb manchmal neu umschrieben werden müsste. Trotzdem wurde in dieser Übersetzung der Versuch gemacht, so weit wie möglich den ursprünglichen Charakter beizubehalten.

Die amerikanisch-kanadische Ausgabe der Vorträge wurde von den Freunden dort besorgt und vom Vortragenden nicht mehr korrigiert. Sie wurden gehalten im Hinblick auf das damals kommende letzte Drittel des Jahrhunderts. Manches, was da als Zukunft geschildert wurde, ist jetzt schon Wirklichkeit und damit nur deutlicher und dringlicher geworden.

Die vorliegende Ausgabe wurde im Anhang mit einem Interview aus der Zeitschrift *Info3* ergänzt, in dem ich auf das Näherrücken der Jahrhundertwende eingehe.

Zeist, im März 1991 *Bernard C. J. Lievegoed*

1. Das 20. Jahrhundert

Stellen wir die Frage: Was ist die Bedeutung der Anthroposophie und der anthroposophischen Bewegung in der heutigen Welt? Wir können, wenn wir sie beantworten wollen, zunächst von zweierlei Ansichten ausgehen.

Eine würde besagen: Die Anthroposophen bilden eine von vielen kleinen Sekten mit ca. dreißigtausend Mitgliedern, ohne Einfluss auf das Weltgeschehen. Diese Sekte hat allerdings etwas geleistet. Ihre Mitglieder haben zum Beispiel Schulen gegründet, in denen Kinder auf erfreuliche Weise unterrichtet werden.

Es gibt aber auch eine andere Auffassung: Im Hinblick auf die geistige Wirklichkeit zählt nicht die Quantität, sondern die Qualität – die Qualität des Bewusstseins, die Qualität der Willensimpulse. Schon ein Mensch, der sich mit einer geistigen Wirklichkeit befasst, irgendwo in der Welt, stellt ein Licht dar, das ein weites Erdgebiet durchstrahlt, so wie das Licht einer Kerze, die in einer dunklen Kammer brennt, alle Wände erreicht.

Wenn sich in irgendeinem Erdteil oder in einem großen Land ein oder mehrere Menschen im rechten Sinne mit geistigen Wirklichkeiten auseinandersetzen, dann ist in geistiger Hinsicht dieser Teil der Erde nicht finster. Bei der Auseinandersetzung mit geistigen Wirklichkeiten kommt es auf die Qualität des Bewusstseins an. Wir können daher, wenn wir heute über Anthroposophie sprechen, fragen: «Haben wir wirklich die Qualität des Bewusstseins und des Willens, die unsere Zeit braucht?» Nur aus völliger Ehrlichkeit und Bescheidenheit kann eine Antwort kommen.

Bis zum Jahre 1500 n. Chr. wurde die Menschheit von den

Hierarchien geführt. Alles, was bis 1500 geschah – das teilte Rudolf Steiner, der Begründer der Anthroposophie, jungen Lehrern 1922 mit –, war eine Wiederholung von Wiederholungen von Wiederholungen.

Was bedeutet das? Es bedeutet, dass alles, was während der griechischen und römischen Kultur und im Mittelalter geschehen war, immer noch eine Wiederholung war von dem, was die Hierarchien in vorangegangenen Epochen der Welt gebracht hatten. Seit 1500 ist, nach Rudolf Steiner, zum ersten Mal in der Weltentwicklung, zum ersten Mal seit der alten Saturnzeit, die Menschheit mitverantwortlich für das künftige Werden des Weltalls. Zum ersten Mal ist das, was seit 1500 geschieht, nicht eine Wiederholung – es ist neu.

Dieses neue Instrument ist die Entwicklung der «Bewusstseinsseele». Vor 1500, in den ersten nachatlantischen Zeiten, wurden die Führer der Menschheit durch hierarchische Wesen inspiriert. Diese Führer waren die Halbgötter der alten Griechen. Auch von Gilgamesch wurde gesagt, dass er zu einem Drittel Mensch war und zu zwei Dritteln Gott. Das heißt: Er war von einem hierarchischen Wesen durchdrungen, das durch diesen Führer als Macht wirkte, die die Menschheit leitete. Erst nach 1500 beginnt eigentlich die Führung des Menschen durch den Menschen selbst.

Rudolf Steiner sagte, dass der große Führer der Sonnenmysterien in den atlantischen Zeiten, Manu, gleichsam ein «göttlicher Manu» war und dass nach 1500 die Zeit der «menschlichen Manus» kommen musste, menschlicher Führer, die aus den geistigen Kräften der Sonnenmysterien heraus wirken.

Dieser Übergang um 1500 wird von der modernen Geschichtsschreibung nicht verzeichnet. Jahrhundertelang waren die Menschen nicht fähig gewesen, die Wirklichkeit der geistigen Welten zu schauen. Um 1500 wirkte die erste

Hierarchie in die Welt des Menschen herein und gab seiner Physiologie einen völlig neuen Impuls. Bis dahin hatte die kosmische Intelligenz im Menschen in einer anderen Weise gelebt. Alte Texte, *Homer* oder die *Kalevala* zum Beispiel, schildern Götter, die den Menschen ganz nahe waren, so nahe, dass sie tatsächlich in das Leben der Menschen hereintraten und zu deren Herzen und Verstand sprachen durch die Mysterien. Weisheit war nicht einfach ein Wissen des Verstandes, war nicht intellektuell; Weisheit erfüllte das ganze Wesen eines Menschen, strahlte aus den Herzenskräften hervor; war etwas, das so eins war mit dem Menschen, dass er nicht Weisheit besaß – sondern Weisheit *war.* Sie lebte einfach *in* ihm; und er *besaß* sie nicht.

Die erste Hierarchie griff in die Entwicklung der Menschen in folgender Weise ein: Die Fähigkeit zu denken, Gedanken hervorzubringen, verlagerte sich vom Herzen auf das Gehirn. Dies ist der Punkt, wo die «individuelle Intelligenz» eigentlich anfängt.

Der Erzengel Michael war der Verwalter der «kosmischen Intelligenz» der großen Sonnenmysterien. Michael ist zu allen Zeiten der Verwalter der Sonnenmysterien gewesen. Alte Schilderungen und Sagen übermitteln uns, wie in bestimmten Augenblicken der Geschichte Michael gesprochen und eingegriffen hat in die Schicksale der Menschheit. Der Lenker der *eigentlichen* Menschheitsentwicklung war immer Michael. Er durchdrang das Wesen der Menschheitsführer in den alten Kulturen.

Die Möglichkeit zu denken, Gedanken zu bilden, verschob sich also seit der Neuzeit vom Herzen, von woher es den ganzen Menschen erfüllt hatte, zum Gehirn, gegen den Kopf hin. Der Intellekt entwickelte sich jetzt in ganz neuartiger Weise: Michael zog sich gewissermaßen zurück, und die Intelligenz konnte nur von menschlichen Gehirnen hervorgebracht werden, die nicht mehr unbedingt inspiriert zu sein brauchten. Als nun die Intelligenz durch menschliche Wesen selbst hervorgebracht werden konnte, konnte es Ahriman gelingen, das menschliche Gehirn-Denken zu ergreifen. Solange noch kosmische Gedanken in den Herzen der Menschen gelebt hatten, konnte er keinen Einfluss gewinnen. In dem Augenblick, da das menschliche Denken in das Gehirn wanderte, konnte Ahriman eindringen und damit beginnen, das menschliche Denken zu fesseln.

Noch etwas veränderte sich. Im neunzehnten seiner «Briefe an die Mitglieder» («Was ist die Erde in Wirklichkeit im Makrokosmos?», in: *Anthroposophische Leitsätze. Der Erkenntnisweg der Anthropospohie – Das Michael-Mysterium*) beschreibt Rudolf Steiner, dass in der Natur stets ein Überschuss an jungen Wachstumskräften herrscht. Wenn die Pflanzen im Frühling ihre Knospen treiben, enthalten sie mehr Keimkraft, als sie für ihr Pflanzenwachstum verbrauchen. Diese Überschusskräfte, die dann in den Kosmos hinausgehen, sind die frischen Keimkräfte der nächsten großen kosmischen Entwicklungsstation, der zukünftigen Jupiterentwicklung. Das ist die Situation in der Natur. Doch seit 1500 besteht solch ein Überschuss auch bezüglich der *Willenskräfte* des Menschen. Diese strahlen aus, zusammen mit den jungen Keimkräften. Ein Überschuss an Willenskraft ist im Menschen – Willenskraft, die in den Kosmos hinausstrahlt. Und auch diese überschüssige Willenskraft wird einen Teil der Kräfte ausmachen, die einmal die neuen kosmischen Schöpfungen ausgestalten werden. Die Menschheit wirkt jetzt schon mit am Schöpfungsprozess der künftigen Welten durch ihre Willenskräfte. Zum Guten – wenn sie spirituell ihre Willenskräfte einsetzt; zum Übel, wenn sie materialistische einsetzt. Der Mensch ist jetzt für das verantwortlich, was er *will*. Das ist ein ganz neuartiger

Aspekt unserer gegenwärtigen Situation! Rudolf Steiner wies darauf hin, dass nach und nach die Kräfte des Denkens gleichsam starben. Sie offenbaren nur mehr Schatten eines Denkens, das in älteren Zeiten lebendig war. Selbst wenn wir heute Gedanken über die Saturn-, Sonnen-, Mond- und Erdenentwicklung bilden, bleibt alles das doch tot, solange wir lediglich mit unseren Köpfen «wissen».

Nur wo das Wissen von übersinnlichen Tatsachen und deren denkerische Verarbeitung gleichzeitig den Willen mitergreift, nehmen diese Gedanken Leben an. Rudolf Steiner fasst dies in einem Satz zusammen:

«Die Vergangenheit Schatten werfend, die Zukunft Wirklichkeitskeime enthaltend, begegnen sich in der menschlichen Wesenheit. Und die Begegnung ist das Menschenleben der Gegenwart.» Willenskräfte schaffen der Erde einen Weg zu neu sprossendem Leben.

Es können natürlich Verirrungen, Einseitigkeiten entstehen; einerseits, nur Wissen und Gedanken anzuhäufen; zum anderen, immer nur zu wollen, zu wollen ohne geistigen Inhalt für die Willensimpulse. Nur wo ein geistiger Inhalt den Willen erfüllt, kann wirklich die Rede vom «Menschenleben der Gegenwart» sein. So verstehen wir, dass die Menschheit an der Schaffung der zukünftigen Welten mitwirkt durch ihre durchgeistigten Willenskräfte. Mit unseren Köpfen können wir geisterfüllte Gedanken bilden, doch vom Kopf aus müssen diese Gedanken unseren Willen durchdringen.

Und vielleicht darf ich einmal charakterisieren, worauf es in der gegenwärtigen Situation ankommt: *Wir müssen lernen zu wollen* – auf eine spirituelle, durchgeistigte Weise zu wollen: mit einem geistigen Inhalt. Für die Zukunft der Menschheit zählt in Wahrheit nur das, was wir wollen, nicht der Erfolg der Tat. Der Wille ist es, der zählt, dasjenige, was wir zusätzlich an Willenskräften aufbringen über das hinaus, was für das Resultat notwendig ist – der Überschuss an jenen Willenskräften also, die dann in den Kosmos hinausstrahlen: Sie werden die Keimkräfte neuer Welten.

Nach 1500 zog sich Michael von der Menschheit zurück. Er hielt nicht länger die Verbindung mit den Gedanken aufrecht, die nun von den menschlichen Gehirnen hervorgebracht wurden. Er begann nun, sich auf sein Kommen als Zeitgeist im Jahre 1879 vorzubereiten: Er bereitete seine Wirkungszeit in einer kosmischen Schule vor, in der er noch einmal mächtige Imaginationen vor diejenigen Seelen hinstellte, die noch nicht inkarniert waren, die aber auf der Erde sein sollten am Ende des 19. und während des 20. Jahrhunderts. Noch einmal übermittelte er die «kosmische Intelligenz», deren Verwalter er seit den atlantischen Zeiten gewesen war. Und es ist «Inhalt» dieser Schule gewesen, was Rudolf Steiner uns durch die Anthroposophie vermittelt hat.

Rudolf Steiner – einer jener Menschheitsführer, die aus den zentralen Kräften der Sonnenmysterien heraus wirkten – hatte die Aufgabe, diese kosmische Intelligenz im 20. Jahrhundert auf die Erde zu bringen, sie in menschliche Gedankenformen und Worte zu gießen. Dadurch konnte sie die Eignung erlangen, menschliches Fühlen und menschliches Wollen zu inspirieren. Die Anthroposophie trat zuerst in der Form der Philosophie in Erscheinung, als ein Weg der inneren Entwicklung und als Kosmologie. Später kam die Beleuchtung des Neuen Testaments, insbesondere der vier Evangelien hinzu, und es wurde nach dem Ersten Weltkrieg die Michaelweisheit in die Form einer esoterischen Schule gegossen. Wir können also Folgendes feststellen:

1879 übernimmt Michael seine Aufgabe als «Zeitgeist».
1899 Ende des «Kali Yuga», des fünftausend Jahre währenden «finsteren Zeitalters».

1900 Beginn eines Zeitalters des neuen Lichtes. Geistiges Licht kann nun wieder zur Erde strömen.

Wir können verfolgen, wie Rudolf Steiner in drei Schritten diese kosmische Weisheit in die Welt hereinführt, in drei Siebenjahres-Perioden. In der ersten Periode (ca. 1902 bis 1909) veröffentlicht er nach der vorausgehenden *Philosophie der Freiheit* die *Theosophie* und *Wie erlangt man Erkenntnisse der höheren Welten?* (darin beschreibt er den Weg einer inneren Entwicklung). Diese Periode endet mit *Die Geheimwissenschaft im Umriss*, einer Skizze der gesamten Kosmogonie unserer Erde und des Menschen.

Zwischen 1909 und 1916 werden die Künste weiterentwickelt. Eine neue Bewegungskunst (die Eurythmie), die Kunst der Sprachgestaltung, die dramatische Kunst werden ausgebildet. Innerhalb kurzer Zeit schreibt Rudolf Steiner seine vier *Mysteriendramen*. Auch die Neuerschließung der Evangelien gehört hierher. 1917 veröffentlicht Rudolf Steiner seine Erkenntnisse über den Menschen als dreigliedriges Wesen, und von 1916 bis 1923 arbeitet er die Strukturen des dreigegliederten sozialen Organismus aus.

Während der ersten sieben Jahre wurde die Anthroposophie als eine einzige große *Imagination* vor die Mitglieder hingestellt. In den zweiten sieben Jahren wurde sie mit Gemütskräften verbunden, die sich nun entwickeln konnten auf dem Gebiet der Künste und einer Erneuerung des Religiösen. In den dritten sieben Jahren drang Rudolf Steiner bis zum Willensleben vor und schuf dadurch die Grundlage für eine spirituelle Erziehungskunst in neuartigen Schulen, Ansätze zu einer erweiterten Heilkunde, eine Bewegung für biologisch-dynamische Landwirtschaft und schließlich eine Bewegung für die «Dreigliederung des sozialen Organismus».

Am Ende des Jahres 1923 wurde es Rudolf Steiner möglich,

zu Weihnachten die Grundsteinlegung der allgemeinen Anthroposophischen Gesellschaft zu vollziehen.

Während dieser «Weihnachtstagung» begründete er die neuen Mysterien. Das bedeutet: Er führte diese Mysterien bis in den Willen der Menschen. Danach deutete er (sinngemäß) an: Ich werde mich nun selbst mit der Anthroposophischen Gesellschaft verbinden. Ich werde den Vorstand bilden und dessen ersten Vorsitz übernehmen. Der Vorstand wird ein Organ sein für Taten und Handlungen wie auch für Erkenntnisse geistiger Zusammenhänge … Mit anderen Worten: ein «Initiativ-Vorstand». Das besagt, dass hier Dinge getan werden müssen, nicht nur abstrakt erkannt, nur empfunden. Es ist notwendig, dass etwas erkannt, erfühlt und schließlich getan wird.

Dies ist eine Übersicht über die Zeitspanne, in der Rudolf Steiner im 20. Jahrhundert wirkte. Solche Siebenjahres-Rhythmen leben in der Entwicklung der ganzen Anthroposophie. Derartige Rhythmen durchziehen die kosmischen Entwicklungsvorgänge. Der Rhythmus von Tag und Nacht, der Jahresrhythmus, der Rhythmus des Sonnenganges durch den Tierkreis – allesamt sind sie dem Kosmos eingeschrieben durch die Tätigkeit der Hierarchien während vergangener Epochen der Evolution. Nun gibt es einen neuen Entwicklungsrhythmus. Das ist der Rhythmus von 33⅓ Jahren. Er ist durch das Erdenleben des Christus in den Kosmos eingeschrieben und umfasst die Zeit zwischen Weihnachten und Ostern 33 Jahre danach. Das Leben Christi auf der Erde bewirkte, dass der 33-Jahres-Rhythmus von dem Zeitpunkt an, da Christus am Ur-Osterfest Tod und Auferstehung erlebte, zu einem Rhythmus wurde, der jedem wahrhaft christlichen Entwicklungsvorgang innewohnt. Die alten Rhythmen der Tage, Jahre, Jahrhunderte sind Realitäten. Doch eine neue Realität, die durch das Leben des

Christus hervorgerufen ist, durchzieht seither das Leben der Erde. Rudolf Steiner weist einmal auf Folgendes hin: Wenn in der Welt irgendetwas geschieht, und ein Impuls wird dabei geboren, so bedeutet das gewissermaßen den Weihnachtstag dieses Impulses. 33 Jahre danach wird dieser Impuls seine Ostern, seine Auferstehung erfahren.

Wer davon weiß, kann in seinem eigenen Leben wie auch in den Vorgängen des sozialen Lebens diesen verborgenen Rhythmus der 33 Jahre durchaus wiederfinden. Er macht sich immer dann geltend, wenn der Impuls mit den Werdekräften des Christus verbunden ist, wie sie in der Menschheit wirksam sind.

Vielleicht deutlicher als in früheren Zeiten können wir im 20. Jahrhundert die Wirkung dieses Rhythmus bemerken. Darauf bezieht sich Rudolf Steiner, wenn er über das letzte Drittel des 19. und über das erste Drittel des 20. Jahrhunderts spricht.

Wir sagten: 1900, da begann das neue, «lichte Zeitalter». Das «Kali Yuga» war abgelaufen. Neues Licht konnte zur Erde hinströmen. Rudolf Steiner durchlebte im Jahr 1899 ein inneres Geschehen, welches ihm die Möglichkeit gab, mehr noch: die Aufgabe auferlegte, in das neue Jahrhundert mit dem allmählichen Offenbaren jener Imaginationen der Michaelschule einzutreten, die im Übersinnlichen schon seit 1500 lebten.

Nun können wir uns fragen: Welche Aufgaben hat diese neue Zeit? Was sollte am Beginn des 20. Jahrhunderts geschehen, am Beginn des «lichten Zeitalters»?

In erster Linie sollte die Anthroposophie in ihrer Gesamtheit zur Menschheit gebracht werden. Die Anthroposophie – ein umfassender «Leib» der Weisheit. Es wurden sozusagen die Keime einer erneuerten Philosophie, Wissenschaft, Kunst und einer Erneuerung des religiösen Lebens gelegt. Das waren Keime neuer innerer Entwicklungswege; Keime, aus denen neue Mysterien hervorgehen sollten. Diese Weisheit wollte erarbeitet werden. Die relativ kleine Gruppe um Rudolf Steiner wurde allerdings bestimmt nicht nur von dieser Weisheit geleitet – auch Luzifer bemühte sich, diese Gruppe von Menschen zu erreichen. Er war es, der den Mitgliedern einflüsterte: «Ihr seid die wenigen Auserwählten! Nur ihr kennt diese Wahrheiten. Sondert euch ab von der schlechten Welt, studiert zum Nutzen eurer persönlichen Entwicklung und Befriedigung.»

Das ist der klassische luziferische Ansatz: die Anthroposophen versus die «Außenwelt». Die Redeweise von der «Außenwelt» ist luziferischer Jargon.

Ostern 1933 begann das zweite Drittel des 20. Jahrhunderts. Welches war das bedeutendste Ereignis dieses zweiten Abschnitts? In den Jahren 1911 und 1912 hat Rudolf Steiner über dieses Ereignis viel gesprochen. Er führte aus, dass Christus eine neuerliche Kreuzigung erlitten hatte – durch den Materialismus des 19. Jahrhunderts. Dieser Materialismus hatte für den Christus solch ein Leiden bedeutet, dass es für ihn wie eine zweite Kreuzigung war. Rudolf Steiner beschrieb auch, wie der Christus eine neue Auferstehung – diesmal in der Ätherwelt – erleben würde, schließlich als «ätherischer Christus» zwischen 1933 und 1935 zu erscheinen beginnen würde – und von da an als solcher dann auch in Zukunft gegenwärtig sei. Das Erscheinen des ätherischen Christus war das Ereignis, das im mittleren Drittel des 20. Jahrhunderts eintreten sollte. Die Menschen sollten davon wissen. Sie sollten darauf *vorbereitet* sein, diesem Ereignis zu begegnen. Heute sehen wir, wie die Mächte der Finsternis alles aufboten, was ihnen möglich war, um die Aufmerksamkeit der Menschen in andere Bahnen zu lenken. Etwas früher, im Januar 1933, gelangte Adolf Hitler an die Macht. Das ist es, was sich ereignet hat! Wir kennen das Resultat. Alles starrte auf diesen Mann: «Was passiert jetzt? Was wird er tun?» So war es den Menschen ganz unmöglich, innerlich zu dem durchzudringen, was eigentlich in der Welt vorging. Das eigentliche Geschehen war ja nicht das, was in Deutschland am Beginn des Jahres 1933 stattfand. Das Eigentliche war der «ätherische Christus», der zur Menschheit kommen wollte.

Können wir uns mithilfe dessen, was uns durch Rudolf Steiner eröffnet wurde, vorbereiten, den Weg zum «ätherischen Christus» zu finden?

Rudolf Steiner selbst beschreibt diese Vorbereitung. Es gibt drei Prüfungen, die man zuerst durchlaufen muss. Es sind Prüfungen, die nicht nur das Denken, sondern vor allem das Fühlen berühren. Es geht hier um ein so starkes innerliches Fühlen, dass man sozusagen selbst ganz in diesem Fühlen aufgeht, damit ganz eins wird. Am Anfang steht die Empfindung: Wie wenig Wert und Bedeutung hat das materielle, äußere Dasein im Grunde! – Es folgt, zweitens, das Gefühl des Unbefriedigtseins durch materialistische Erklärungsversuche und Begründungen. Wenn wir lange Anthroposophie studiert haben, können wir zutiefst befriedigt werden durch die Deutungen und Erklärungen, die sie uns gibt. Dennoch muss dieses Gefühl stets mehr und mehr vertieft werden. – Dann folgt die dritte Prüfung: Man beginnt eine innere Spaltung zu erleben. Die Empfindung tritt auf: «Mein kosmisches Wesen, mein kosmisches Ich, ist groß und strahlend; während ich hier auf Erden nur ein Zwerg bin. Wie ein Krüppel bin ich, der sein wahres Wesen nicht zum Vorschein bringen kann.» Dann steigt in uns die Frage auf: «Wer gibt mir meine Daseinsrätsel auf, wer stellt mich vor meine Probleme?» Und die Antwort kommt aus uns selbst: «Mein eigenes kosmisches Wesen, mein eigentliches, wahres Ich!»

Wenn die Menschen durch dieses Gefühl des tiefen Unbefriedigtseins, durch das, was die äußere Welt uns gibt, gegangen sind, kann dies zu einer neuen Moralität führen. Die neue Moralität ist ein allumfassendes Mitleid, ein Anteilnehmen gegenüber allem, was da leidet in der Welt. Rudolf Steiner sagte, dass wir nachts eigentlich nicht mehr ruhig schlafen können dürften, solange es noch Leid gibt in der Welt! Doch es haben viele von uns seither so manche Nacht recht gut geschlafen …

Er sagt, Christus werde «aus grauen Geistestiefen» sprechen. Aus grauen Geistestiefen wird Christus Worte des Trostes sprechen. Um aber Worte des Trostes hören zu können, müssen wir wirklich Trost *suchen*. Meistens ist es aber so, dass unsere normalen Alltagsgefühle keinen Trost fordern. Um dieses Bedürfnis zu verspüren, müssen wir erst einmal durch die Erfahrung jener neuen Moralität gegangen sein, müssen wir jenes umfassende Mitleiden und Mitleben mit allem, was leidet, einmal tief empfunden haben.

Nach meiner Ansicht standen wir als Anthroposophen in der Mitte des 20. Jahrhunderts vor der Aufgabe, eine breite, weltoffene Bewegung zu entwickeln; eine Bewegung, die sich in der Welt hätte ausbreiten sollen; in der man über die Welt hätte Bescheid wissen sollen – nicht nur mit dem Kopf, auch mit dem Herzen. Wie das Studium der Anthroposophie zur Entwicklung der Imaginationskraft führen will, so bringt uns das Erleben dieses tiefen Mitgefühls für die Welt, wenn unser Gemüt sich dafür empfänglich macht, zu den Kräften der Inspiration. Durch die Anthroposophie hätten in diesem zweiten Drittel des 20. Jahrhunderts viele, sehr viele Menschen die Inspirationskräfte entwickeln sollen. Ich bin der Meinung, dass wir – und ich sage absichtlich «wir», wir alle zusammen – diese Aufgabe bisher nicht erfüllen konnten. Wir haben zumeist nicht die Kraft aufgebracht, während der

Finsternis wirklich so wach zu sein, dass wir die Ätherwelt erreichten, um dem Christus zu begegnen. Kann jetzt noch etwas getan werden? In der Zeit, da eigentlich tief in unseren Herzen alle Kräfte, die die Anthroposophie hervorbringen kann, hätten erweckt werden müssen, um eine Erneuerung der Kultur ins Werk zu setzen, damit der «ätherische Christus» die Menschen hätte finden können, durch welche Er hätte sprechen und wirken können – in dieser Zeit gingen wir unsere eigenen, egoistischen Wege. Wir stritten über Bücher und die «richtigen Methoden». Ich schäme mich tief, wenn ich auf diese Jahre zurückblicke. Wir alle, muss ich leider sagen, die wir in der anthroposophischen Bewegung standen, waren da mit hinein verwickelt. Und wir haben nicht die Kraft aufgebracht, zu erfassen, was sich wirklich in der Welt abspielte und was die große Kulturaufgabe des mittleren Jahrhundertabschnitts war. Vielleicht können wir dennoch etwas tun. Wir können einmal versuchen, unsere egoistischen Spaltungen beiseitezuschieben und unsere Seele als Ohr zu gebrauchen. Mit ihr in die Welt zu lauschen, geradeso wie wir guter Musik lauschen, sodass sich offenbart, was im Hintergrund in den Menschen eigentlich lebt. Und wir können versuchen, Antworten zu geben aus unserer persönlichen Anteilnahme gegenüber den Menschen, aus einer warmen Sympathie für sie.

Michaeli 1966 traten wir in das dritte und letzte Jahrhundertdrittel ein.

Wir können uns fragen: Was muss die Aufgabe der Anthroposophie sein, die Aufgabe der Menschen, die durch sie erkennen können, welche Bedeutung dieses letzte Drittel hat? – Haben wir uns Anthroposophie als kosmische Weisheit wirklich erarbeitet, und sind wir zu einer gewissen Imaginationskraft gekommen, dann können wir folgenden Gedanken Rudolf Steiners mitdenken: Wenn ich die kosmische Entwicklung aus dem Saturn-, dem alten Sonnen- und Mondzustand bis hin zur Erde denkend lebendig mitvollziehen kann, dann stehe ich schon in der Welt der Imagination, denn das sind Bilder, die nicht von einem Sichtbaren her genommen sind. Es sind innere Bilder; und alle inneren Bilder sind der Anfang der Imagination.

Wir können eine weitere Stufe durchleben und versuchen, zur Inspiration zu kommen, indem wir intensiv mit den Menschen, mit der Welt mitleben und mitleiden – wobei wir vielleicht einen gewissen Trost empfangen in Form von Inspiration. Dadurch kommen wir vielleicht soweit, dass wir wahrnehmen, was in der Begegnung mit Ahriman zu tun ist und wie wir junge Keimkräfte für die Zukunft hervorbringen. Rudolf Steiner hat uns mitgeteilt, dass der letzte Abschnitt des 20. Jahrhunderts besonders ernst und schwierig sein wird. Ahriman wird sich anschicken, alles aus dem Weg zu räumen, was mit Geisterkenntnis und Geisteswissenschaft verbunden ist. Wir werden versuchen müssen, unseren Weg in der Welt ganz aus unserem eigenen Wesen heraus zu finden – aus Intuition!

Ahriman wird versuchen, die Freiheit unseres Willens, die uns durch die göttlichen Wesen seit 1500 geschenkt ist, außer Kraft zu setzen. Ahriman trifft seine Vorbereitungen. Den freien Willen will er ausschalten, und dies auf sehr kluge Weise. Er tut es zum Beispiel mittels maschineller Datenverarbeitung: Dort, wo mit mechanischer Informationsgewinnung und -auswertung gearbeitet wird, im Forschungsbetrieb und dergleichen. Er strebt an, Informationen zusammenzustellen, und dann einen «Kurzschluss» zwischen Information und Entscheidung hervorzurufen. Er will uns davon überzeugen, dass wir, wenn eine Information so oder so aussieht, nur entsprechend dies oder jenes tun könnten; alle anderen Wege seien falsch. Der Wille wird lahmgelegt.

Doch wirklich zu einer Entscheidung zu kommen bedeutet, dass wir Imaginationen ausbilden müssen, ganz *wir selbst.* Wir müssen selbst unsere Informationen zusammenstellen. Das bedeutet: Wir müssen uns ein Bild machen von der Wirklichkeit, mit der wir es zu tun haben. Dann müssen wir zum Abwägen gelangen und ein gesundes Urteil bilden. Dieser Vorgang beruht auf Inspirationskräften. Schließlich müssen wir zur Entscheidung kommen, was teilweise schon aus Intuition geschieht. Gerade in der mittleren Phase, der gesunden Urteilsbildung – des interessegetragenen inneren Erwägens – wird es möglich, dass der Mensch schöpferisch sein kann, kreativ. Kreativität bedeutet, dass alles, was an Daten, Informationen, Fakten an uns herangelangt, aufs Neue gedeutet und erwogen werden muss, mithilfe unserer tiefsten Kräfte. Wir müssen unsere Entscheidungen treffen mit Bezug auf die gegebene Lage, aus den Bedingungen des jeweiligen Augenblickes heraus. Nur dann kann unser Urteilen genügend Kraft haben, um Ahriman zu widerstehen – wenn es aus Inspiration geboren wird, aus dem Geist. «Aus dem Geist» bedeutet für uns: aus den Kräften des «ätherischen Christus», der Worte des Trostes zu den Tiefen unserer Seelen spricht. Lediglich dann kann Intuition den Willen so ergreifen, *dass er Tat wird.* Wenn dies geschieht, werden wir wissen, wie wir im sozialen Bereich, in dem wir leben und arbeiten, zu handeln haben. Im letzten Drittel dieses Jahrhunderts müssen wir in diese «Mysterien des Willens» eintreten.

Wir können aus der Intuition leben, wenn wir mit anderen Menschen eine Gruppe bilden und zusammenarbeiten, um gemeinsam eine Aufgabe in der Welt zu erfüllen. Das kann eine Schule sein; es kann irgendein Institut sein; es kann ein Bauernhof sein. Rudolf Steiner sprach hierüber in Vorträgen, die er 1924 in Torquay (England) hielt, Vorträge über das

Bewusstsein des Eingeweihten (*Das Initiaten-Bewusstsein*; Torquay, 11. bis 22. August 1924).

Er sprach über zwei Wege der Einweihung: den alten und den neuen Weg. Der neue Einweihungsweg ist der durch die Intuition; eine Intuition, die gefunden werden kann in einer Gruppe von Menschen, die gemeinsam arbeiten. Eine solche Gruppe hat eine karmische Grundlage; karmisch nicht nur aus der Vergangenheit her, sondern – was auch der Fall sein kann – Karma bildend für die Zukunft. Wir können mit Menschen eine karmische Gruppe ins Leben rufen, mit denen wir nie zuvor zusammen gewesen sind, wenn wir mit diesen Menschen gemeinsam etwas wollen.

Wenn in dieser Weise Intuition innerhalb einer Menschengruppe entspringen soll, die in der Welt aus der Anthroposophie heraus tätig ist, dann müssen alle ihre guten Eigenschaften und positiven Möglichkeiten in die Arbeit einbringen, ihre negativen Seiten aber möglichst aus ihr heraushalten. Diese negativen Seiten muss jeder in sich selbst, in sein Inneres zurücknehmen und dies ganz in der Einsamkeit seines eigenen Lebens mit sich ausfechten. Alle müssen das Opfer bringen und die negativen, persönlichen Dinge nicht in der Gruppenarbeit ausleben. Das ist eine sehr schwierige Sache. Diejenige Gruppe, die imstande ist, das zu vollbringen – selbst wenn es nur kurz gelingt –, ist fähig, aus Intuition heraus zu wirken. Sie bringt jene Keimkräfte des Willens in die Welt, die in die Zukunft hineinführen.

Wir werden so etwas tun müssen, weil wir Ahriman möglicherweise in seiner persönlichen Inkarnation um das Jahr 2000 werden begegnen müssen.*

* Ahriman wird sich laut einem Vortrag Rudolf Steiners vom 27. Oktober 1919, (GA 193), ebenso wie Luzifer sich ca. 3000 v. Chr. inkarniert hat, gegen Ende des dritten nachchristlichen Jahr-

Rudolf Steiner teilte uns in seinem letzten Lebensjahr mit, dass die großen Aristoteliker (er selbst eingeschlossen) zu dieser Zeit wieder hier verkörpert sein würden. Sie würden die Kraft haben, der Wissenschaft eine andere Richtung zu weisen. Sie werden zusammenwirken mit den großen Platonikern, mit Menschen also, die über enorme Willensimpulse verfügen, die sich auf das Zustandebringen des Guten im sozialen Leben richten. Platoniker sind keine Menschen mit schwächlichem Willen: Wo deren Willen wirkt, wird er zum Guten im sozialen Leben ausschlagen.

In diesem letzten Teil des Jahrhunderts werden wir die Fähigkeit entwickeln müssen, das Gute zu tun! Wir wissen vielleicht, was wahr und was richtig ist. Doch wissen, was

tausends inkarnieren. – Ahrimans Zahl ist 666 (vergleiche das Tier mit den zwei Hörnern, das aus der Erde kommt; Offenbarung 13,11–18), 666 n. Chr. war der Versuch geplant, die Bewusstseinsseele verfrüht durch die «Akademie von Gondischapur» zu inaugurieren. Doch fünfundzwanzig Jahre zuvor wurde Gondischapur von den Arabern erobert, die den stark luziferisch gefärbten Islam dorthin brachten. – 1332 war es den Kräften Ahrimans gelungen, kurz zuvor den Templerorden zu vernichten. – Die nächste kritische Zeit ist 1998, am Ende des 20. Jahrhunderts. Die darauf folgende das Jahr 2664. Das wäre der «rechtmäßige» Zeitpunkt für die Inkarnation Ahrimans. Nach einer persönlichen Mitteilung Rudolf Steiners wird Ahriman jedoch alles daransetzen, um seine Inkarnation eine Periode zu verfrühen und sich zu Beginn des 21. Jahrhunderts bereits zu inkarnieren. Auch Solowjew nimmt diesen Zeitpunkt für die Erscheinung seines «Antichrist» an. – Ob es Ahriman gelingen wird, sich schon jetzt voll zu inkarnieren, wird davon abhängen, ob genügend Menschen da sein werden, die eine michaelische Geisteshaltung vertreten können. Jedenfalls wird die Wirkung Ahrimans um die Jahrtausendwende besonders groß und stark sein. – Wir werden ihm begegnen müssen!

richtig ist, ist nicht dasselbe wie tun, was gut ist. Was für jemanden wirklich wahr ist, kann in einem bestimmten Moment doch sehr schlecht sein – denn das Gute ist stets relativ, stets an einen bestimmten Augenblick, eine bestimmte Situation gebunden. Am Anfang des 20. Jahrhunderts erwähnte Rudolf Steiner in seiner Schrift *Wie erlangt man Erkenntnisse der höheren Welten?*, dass eine bestimmte Fähigkeit heranentwickelt werden müsse: ein «geistiges Taktgefühl». Mit diesem geistigen Spürvermögen werden wir in den kommenden Jahren arbeiten müssen: *das Gute tun*, stets den Situationen gemäß, die wir antreffen.

Das bedeutet: nicht in Isolation und im Alleingang, sondern im sozialen Leben, gemeinsam mit anderen Menschen.

2. Der Strudel

Das 20. Jahrhundert hat zwei Gesichter. Das Kali Yuga ging 1899 zu Ende. Neues Licht konnte zur Erde hinströmen. Andererseits ist dieses Jahrhundert ganz besonders eines der Finsternis. Wo Licht ist, walten Schatten. Immer wenn wir die dunklen Schatten bemerken, dürfen wir nicht vergessen, dass sie durch ein sehr starkes Licht hervorgerufen werden.

Der letzte Abschnitt dieses Jahrhunderts, der an Michaeli 1966 begann, wird sehr dramatisch sein. Der Kampf zwischen Michaels Lichtkräften und den ahrimanischen Kräften wird einen besonderen Höhepunkt erfahren. In der Bibel spricht es die Offenbarung des Johannes so aus:

«... der Teufel kommt zu euch hinab und lodert in wütendem Zorn; denn er weiß, dass seine Zeit nur kurz bemessen ist.»

Wenn ich auf das schaue, was gegenwärtig hinter den Kulissen der physischen Welt vorgeht, dann erinnere ich mich an einen persönlichen Brief, den Rudolf Steiner einmal schrieb. Ich hatte Gelegenheit, ihn zu lesen und zu sehen, wie er die geistige Situation dieser Zeit beschrieb. Er malte ein Bild für das innere Auge: Ahriman sitzt in einer Grotte unter der Erde. Er beziffert, rechnet und zählt mit größter Intensität. Michael steht hinter ihm, mit dem Schwert in der Hand, während Ahriman in der Grotte unter der Erde rechnet und beziffert und versucht, alles auf seine Weise, durch Organisation, zu lösen – mit einer erschreckenden intellektuellen Kraft. Michael lässt ihm Zeit. Er weiß, dass er schließlich die Summe ziehen wird.

Dieses Bild hilft uns erkennen, dass – obgleich gegen das Jahrhundertende alles sehr schwierig werden wird – dennoch Hilfe kommen wird von Seiten des Lichts.

Sie kennen vielleicht Rudolf Steiners Mitteilung, dass am Ende des letzten Jahrhundertdrittels die gesamte Michaelschule auf die Erde kommen wird. Die großen Persönlichkeiten aus der Schule von Chartres und jene Aristoteliker aus den Reihen der Dominikaner – sie alle werden auf die Erde kommen und hier zusammenwirken. Diese beiden Ströme sehr bedeutender Seelen, die bislang noch nie auf der Erde zusammengewirkt haben, werden sich zum ersten Mal hier begegnen. Die großen Individualitäten der Schule von Chartres werden, da sie Platoniker sind, mit großer Willenskraft auf dem Feld der Kunst, im sozialen Bereich und auf dem Gebiet der Philosophie und des Denkens wirken. Sie werden sich mit großer Macht einsetzen und neuartige Kräfte ins Feld führen, wodurch sie dem, was aus der Schule Ahrimans kommt, Ausgleichendes entgegensetzen können.

Rudolf Steiner führte aus, dass derjenige, der für Michael streitet, in den kommenden Jahren in einen Strudel ahrimanischer, luziferischer und michaelischer Kräfte geraten wird. Dieser Strudel wird so turbulent sein, dass es nicht einfach sein wird, jeweils im fraglichen Augenblick zu erkennen: «Wo stehe ich, und für wen arbeite ich?» Es ist eine klare Einsicht in die Dinge erforderlich, die man tut. Vielleicht denken wir: «Nun setze ich mich wirklich für die Anthroposophie ein, für die richtige spirituelle Sache», und doch sind wir in jenem Moment in Luzifers Händen. Oder wir denken vielleicht: «Nun gehe ich wirklich zu weit im Wissenschaftlichen», und sind just in diesem Moment dabei, Ahriman auf die beste Weise zu bekämpfen. Wir müssen außergewöhnlich aufmerksam sein. Und ich denke, dass vieles, was zu tun ist, aus den Mutkräften des Herzens heraus getan werden muss; aus dem Mut, sich in etwas hineinzubegeben und zu tun, was gerade zu tun ist.

Dass die Menschen von uns etwas verlangen, gibt uns gleichzeitig die Möglichkeit zu handeln. Erst hinterher wird sich erweisen können, ob das, was getan wurde, gut war oder nicht.

In diesem in sich widersprüchlichen Jahrhundert wirkt bereits stark das Licht; doch auch Ahriman hält sich nicht zurück. Gegenüber allem, was seinen Ursprung im Licht hat, ist Ahriman zum Gegenangriff bereit. Im Jahr 1912 stellte Niels Bohr zum ersten Mal sein Atommodell vor. Ich studierte Anfang der Zwanzigerjahre und las damals ein Buch des britischen Naturforschers Sir Arthur Stanley Eddington.*

Darin schrieb er: «Als Niels Bohr mir sein Atommodell zeigte, musste ich mich fragen: Fand er das Atom oder erfand er das Atom?»

Ich habe mir jahrelang darüber den Kopf zerbrochen. Was meint Eddington mit dieser Frage? Als braver Physikstudent war ich selbstverständlich der Ansicht, dass Niels Bohr die Wirklichkeit des Atoms entdeckt hatte. Wie konnte da ein Forscher vom Range Eddingtons so töricht sein zu fragen: «Hat er es gefunden oder hat er es erfunden?» Nun, dies war eine Frage, die von Rudolf Steiner hätte gestellt werden können. Es ist eine sehr tiefgreifende Frage, und wir können aus ihr ersehen, dass die wahrhaft großen Naturforscher bescheidene Menschen sind, die ihre Grenzen kennen. Die hervorragenden Physiker bemühen sich, wahrhaftig und sauber vorzugehen. Sie gehen tunlichst nicht weiter, als dass sie ein Denkmodell in erster Linie als Modell betrachten und nicht sofort als Realität. Jemand, der eine wissenschaftliche Ebene tiefer arbeitet, wird aber über dieselbe Sache schon als von einer Realität sprechen. Das ist ein Kunstgriff Ahrimans. Die

* Sir Arthur Stanley Eddington (1882-1994) war ein britischer Astrophysiker.

erstrangigen Physiker wissen, wo sie stehen. Sie hören auf zu spekulieren, sobald sie es nicht mehr verantworten können. Doch schon ihre Assistenten reden über dieselben Dinge, als seien sie Realitäten und reagieren gar nicht freundlich, wenn sie an die Grenzen ihrer persönlichen Begriffswelt erinnert werden. Sie werden böse. Ahriman erlistet sich einen Weg in das Gebiet der Naturwissenschaft, indem er Besitz ergreift von diesen Denkmodellen. Ahrimans Methode ist es, sich daran zu beteiligen, wenn Menschen Modelle bilden, um schließlich diese Modelle ganz in Besitz zu nehmen. Das Atommodell ist ein derartiges vom Menschen gebildetes Denkmodell. Es ist erfunden.

Die ersten großen Modelle wurden in der Chemie geschaffen, als man herauszufinden versuchte, wie die Atome in bestimmten Molekülen angeordnet sind. Friedrich August Kekulé war der Mann, der 1865 das Modell des Benzolringes entdeckte. Es kann vieles gelernt werden über die Art, wie Ahriman Menschen inspiriert, wenn man betrachtet, wie es gefunden wurde. Schon jahrelang hatte sich Kekulé bemüht, herauszufinden, was es mit der Anordnung der Atome in organischen Kohlenstoffmolekülen auf sich hatte. Einmal weilte er zu einem Kongress in London. Während er ganz oben in einem noch von Pferden gezogenen Bus saß und im Hochsommer eine größere Strecke zurücklegen musste, fiel er in Schlaf. Er träumte von einem großen Ball am kaiserlichen Hof in Wien, von schwarzgekleideten Herren in altertümlichen Kostümen und Damen in Weiß. Man tanzte. In einem bestimmten Augenblick bildeten sechs Herren miteinander einen Ring. Die anderen kreisten darum herum. In diesem Moment wachte Kekulé auf und wusste plötzlich: «Der Ring ist es! Jetzt habe ich es gefunden!»

Dieses Beispiel ist sehr aufschlussreich im Hinblick auf Rudolf Steiners Bemerkung, dass Inspirationen durch

Ahriman stets dann eintreten, wenn das Bewusstsein herabgedämpft ist.

Ein anderes Beispiel: Ein Mann löste ein schwieriges Problem auf dem Gebiet der Elektronik, während er Grippe hatte. Nach drei Tabletten Aspirin und einem Glas heißer Zitrone hatte er sich mit Notizbuch und Bleistift ins Bett gelegt und wünschte, in Ruhe gelassen zu werden. Er gelangte dort im Dämmerschlaf zur endgültigen Lösung seines Problems, und zwar rückwärts, vom Schluss zum Anfang. Drei Wochen lang war er krank, dann nahm er seine Notizen mit ins Laboratorium, wo seine Zahlen nachgeprüft wurden, um in langwieriger Rechenarbeit festzustellen, ob sie richtig waren. Sie waren es.

Ein anderer Wissenschaftler sagte einmal: «Ich habe meine besten Einfälle am Ende des Tages, wenn ich müde bin. Ich lege mich auf meine Couch, denke an nichts, und im Nu ist die ganze Erfindung geboren.» Auf solche Art gelangen aus «Ahrimans Schule» die Dinge zu den Menschen. Sie fangen an, in Schemata, in Modellen zu denken. So will er eine neue Welt erbauen – mit den Denkschablonen der Menschen. Ahriman will seine Gedanken in die Köpfe der Menschen hineinbringen. Dann sollen sie mittels dieser Denkmuster eine neue, menschengeschaffene Welt erbauen, die keine natürliche Welt ist. Es gibt in ihr keine wirkliche, auf die Zukunft hin gerichtete Entwicklung. Es ist vielmehr eine Welt, die autonom in sich besteht – eine von Technik getragene Welt.

Einige Zeit, bevor Bohr zum ersten Mal etwas über sein Atommodell verlauten ließ, hielt Rudolf Steiner einen Vortrag über die «Ätherisation des Blutes» und sprach über das Kommen des «ätherischen Christus». Er sagte, dies würde zwischen 1933 und 1935 beginnen und sich von da an bis in die kommenden Jahrtausende fortsetzen.

Ahrimans erster Schritt wird so aussehen, dass er versucht, die Natur in neuartiger Weise in solche von Menschen ausgearbeitete Modelle einzugliedern. Auch in der Psychologie wird das Bild vom Menschen überprüft und neugestaltet. In den Vereinigten Staaten betrachten Psychologen im Sinne des «Reiz-Reaktions-Modells» (Stimulus-Response-Modell) den Menschen als ein «Input-Output-System», wie sie es nennen. Dieses Input-Output-Modell ist etwas, in das Dinge hineingehen oder eingegeben werden (Input), eine Veränderung durchmachen und am Ende wieder herauskommen. Der «Output», also das, was herauskommt, ist zwar verändert, besitzt aber dieselben messbaren Grundeigenschaften, wie das, was hineinging. Das Modell selbst nimmt nichts weg und fügt nichts hinzu. Solche Psychologen sehen auch den Menschen als Input-Output-Modell, und sie vertreten die Ansicht, dass das «Reiz-Reaktions-Modell» folgenden Vorgang durchsichtig macht: Etwas gelangt in den Menschen mittels Auge und Ohr, also über die Sinne, am Ende kommt dann wieder etwas heraus: der Mensch hat reagiert. Derartige Aktionen und Reaktionen seien eigentlich die ganze Tätigkeit des Menschen.

Im zweiten Teil des 20. Jahrhunderts geht man einen Schritt weiter. Aus dem Denkmodell des Atoms werden menschengeschaffene Modelle jetzt zu Realitäten, die verwirklicht werden. Die Atomkraft zum Beispiel ist praktisch kontrollierbar geworden, was bedeutet, dass wir nicht nur Atombomben bauen, sondern auch Atomkraftwerke, Zentren, die uns jene neuartige Energie liefern, die aus atomaren Kräften gewonnen wird. Das heißt, was im ersten Abschnitt des Jahrhunderts *gedacht* wurde, wird jetzt in gewissem Rahmen *beherrscht* und ist anwendbar geworden.

Es bestehen auch neue Modelle auf dem Gebiet der Elektronik. Ein ganz neues Modell, das im mittleren Drittel des 20. Jahrhunderts auftauchte, ist das Rückkopplungsmodell (feedback model). Es folgt dem Prinzip der Homöostase. Es handelt sich um eine Gruppe von Kräften, die sich im Gleichgewicht halten und selbst regulieren. Auch wenn Wirkungen von außen auf sie treffen, bleiben sie nicht nur in sich im Gleichgewicht, sondern auch in Bezug auf die Umgebung. – Solche homöostatischen Modelle werden in der Elektronik für Schalt- und Regelkreise benutzt. Sie sind Bestandteil von Rechenapparaten und automatischen Kontrollvorrichtungen. Das Rückkopplungsprinzip wurde derart erweitert, dass etwas, das vom homöostatischen Modell selbst auf dessen Umgebung als Wirkung ausgeht, eine Rückwirkung der Umgebung zeitigt, die wiederum zur Stabilisierung der Funktion des Systems beiträgt.

Etwa 1935 waren wir schon recht weit gekommen in der Entwicklung solcher Technik; man konzentrierte sich hauptsächlich noch auf die rein mechanische Reproduktion der Bewegungen des menschlichen Skeletts und der Muskeln. Seither ist es jedoch möglich geworden, auch die Funktionen des Nervensystems nachzubilden. Daraus entstanden neuartige Verfahren zur Steuerung von Maschinen. Mit dem Einfügen eines künstlichen Nervensystems in die Maschine konnte Ahriman seinen nächsten Schritt ausführen: Maschinen, die sich selbst steuern und kontrollieren, narrensicher und vollautomatisch. Sie hängen nicht mehr von der Kontrolle durch den Menschen ab. Dieser Schritt machte eine Flut neuer Erfindungen möglich.

Früher kamen die wirklichen neuen Erfindungen etwa alle sechs, acht oder neun Jahre zustande. Aber in letzter Zeit erscheinen völlig neue Sachgebiete, die vorher überhaupt nicht dagewesen sind, etwa jedes halbe Jahr.

Man spricht von der «Halbwertszeit» gewisser Stoffe. In der Halbwertszeit von 300 Jahren ist beispielsweise die Radioaktivität einer bestimmten Substanz auf die Hälfte zurückgegangen. So können wir auch über eine Halbwertszeit der modernen Naturwissenschaft selbst reden. Die jüngsten Zahlen besagen, dass die Halbwertszeit in der Elektronik drei bis vier Jahre beträgt. Das bedeutet: Jemand, der Ingenieur im Bereich der Elektronik geworden ist, muss damit rechnen, dass nach drei oder vier Jahren die Hälfte dessen, was er gelernt hat, veraltet ist, also neu hinzugelernt werden muss. Im Maschinenbau beträgt die Spanne noch ca. 10 Jahre. Mit stets wachsender Geschwindigkeit kommen neue Resultate heraus. Es herrscht ein Strom, der immer neue Erfindungen bringt und sich zunehmend der Elektronik bemächtigt; ein Strom intellektuellen Denkens, der sich in die intelligenten Köpfe bestimmter junger Menschen ergießt.

Ein Gebiet von wachsender Bedeutung ist die Biochemie. In der Biochemie mühen sich die Wissenschaftler ab, am Proteinmolekül das zu enthüllen, was sie den «genetischen Code» nennen, die Erkenntnis der Vererbungsvorgänge. Jede Woche wird darüber etwas publiziert. Heutzutage hört man allgemein, dass die Vererbungskräfte nur vom Aufbau der Proteinmoleküle bestimmt werden, welche in sich in bestimmter Weise gegliedert bzw. angeordnet sind. Alle Erbmerkmale einer Person seien in diesem Code stofflich festgelegt. Das ist eine Denkmöglichkeit, eine Modellvorstellung. Und schon spricht man darüber, wie man wohl diese Vererbungsvorgänge technisch unter Kontrolle bringen könnte.

Im Jahre 1963 nahmen an einem Kongress in London u.a. sechs Nobelpreisträger teil. Von diesen waren fünf Amerikaner, Preisträger auf dem Gebiet der Biochemie. Sie erklärten, dass man innerhalb der nächsten zehn bis fünfzehn Jahre in der Lage sein würde, den genetischen Code eines Menschen auf chemischem Wege abzuändern. Dann wäre der größte Augenblick in der Geschichte der Menschheit eingetreten: würde die Menschheit verändern können, sie mit allen erstrebenswerten Anlagen ausstatten, die man nur braucht und wünscht.

Es war ein Journalist zu diesem Gespräch geladen, und der fragte: «Wie sieht denn in Ihrer Vorstellung der Mensch aus, den sie gerne machen würden?» – Sie sahen einander an und sagten: «Nun – etwa so, wie wir sind ...» – Dies war ihr Idealbild einer Menschheit!

«Wie wir sind», das heißt: Ihr Ideal ist es, einen jeden Menschen so zu verändern, dass er ein potenzieller Nobelpreisträger wird. Wenn dann alle dieses Niveau erreicht haben, werden sie Super-Nobelpreisträger schaffen müssen. Das ist eine ganz reale ahrimanische Imagination bei hochintelligenten Menschen, auf dem Feld der Biochemie.

Eine weitere Idee ist in letzter Zeit aufgekommen: Man spricht von «homöostatischen Systemen». Eine Zelle ist ein homöostatisches System. Der Ringschluss vom Auge über das Gehirn zum bewegten Finger, der vom Auge wiederum kontrolliert wird, ist ein homöostatisches System. Solche Systeme sind in sich geschlossen und im inneren Gleichgewicht. Außerdem gibt es noch Kräfte, die anders geartet sind als die im System wirkenden, Kräfte, die von außen in das System hineinwirken und es «stören». Sie werden «Parameter» genannt. Parameter sind immer Kräfte, die von außen kommen.

In einem Meinungsaustausch mit einer Gruppe von Ärzten, Elektronikspezialisten und einigen Sozialwissenschaftlern, der sich über mehrere Wochen erstreckte, bat ich einmal: «Geben Sie mir bitte ein Beispiel für einen Parameter, das ich begreifen kann.»

Ein Arzt antwortete: «Ich will Ihnen eines nennen. Im Rahmen des Reiz-Reaktions-Modells über den Menschen gibt es einen wesentlichen Faktor, die ‹Motivation›. Motivation ist ein Parameter für dieses System. Sie stört das System. Sie kommt aus einer anderen Welt.»

Da haben wir etwas Wunderbares, wodurch wir vieles, was aus der Anthroposophie kommt, begreiflich machen können. Wenn wir zum Beispiel mit einem Naturwissenschaftler sprechen, und er fragt: «Was sind ätherische Kräfte?», dann brauchen wir nur zu sagen: «Sie sind Parameter im Bereich der physischen Kräfte.» Seelische Kräfte sind Parameter im Bereich der Lebenskräfte. Das Ich ist ein Parameter im seelischen Bereich. Das bedeutet: aus einer anderen Welt kommend, aus einem anderen Kräftereich, mit einer anderen Eigenart. Darüber ist Ahriman beunruhigt. Er schätzt Parameter nicht. Da er sie nicht mag, versucht er stets, sie dem Bereich, für welchen ein Modell im Entstehen ist, einzuverleiben.

Nehmen wir einmal an, wir bewegten uns im Gebiet der Volkswirtschaft. Da gibt es eine Gruppe von jungen Wissenschaftlern, die folgende Fragen durchdenken: Wie viel Geld müssen wir in Nigeria investieren, wenn wir dort etwa tausend Medizinstudenten auf ihren Einsatz vorbereiten wollen? Wie viel Geld müssten wir in Elementarschulen, höhere Schulen, medizinische Fakultäten etc. stecken, damit wir soundso viele Ärzte oder auch Ingenieure usw. erhalten? – Indem sie das erwägen, bemühen sie sich, eine möglichst große Zahl von Faktoren miteinzubeziehen, aber all diese Faktoren müssen dann in Dollars verwandelt werden. Wie viel kostet es? Was muss investiert werden im ersten, zweiten, dritten, vierten und fünften Jahr?

Nun untersuchen sie, wie viel in Europa und in den Vereinigten Staaten während der letzten hundert Jahre für Erziehung aufgewendet worden ist. Sie sehen: Wenn soundso viel aufgewendet worden ist und man das auf einen Wert in Dollars bringt, dann betrug der «Input» soundso viele Aufwendungen, der «Output» soundso viele Menschen auf diesem Bildungsniveau; so viele auf jenem und so viele auf einem dritten Niveau ... Sie bilden einen Mittelwert für die vergangenen hundert Jahre. Dann glauben sie, ein maßstabbildendes «Input-Output-Modell» zu besitzen, das den Geldaufwendungen für Bildungsvorhaben in einem unterentwickelten Land zugrunde gelegt werden kann.

Als die Leute dies abgeschlossen hatten, kamen sie zu mir und stellten eine Frage: «Es bestehen da ein paar Parameter auf diesem Gebiet. Wir kamen darauf – und vielleicht wissen Sie mehr darüber –, dass in Europa und den Vereinigten Staaten bereits eine gewisse Kulturgrundlage vorhanden war, auf der man nur aufzubauen brauchte. Darum, dachten wir, könnten wir als ‹Output› etwa 40 Prozent des Durchschnitts der letzten hundert Jahre, auf Amerika bezogen, ansetzen. Wir dachten, wir sind dann näher an der wirklichen Situation. Aber», fügten sie dann hinzu, «wenn wir das dementsprechend dann erproben, sehen wir, dass es Fälle gibt, in denen wir Geld hineinstecken, und es kommt nichts heraus. Es muss da Parameter geben.» – «Ja», antwortete ich, «und ich kenne auch einen dieser Parameter. Ich bin in Asien aufgewachsen. Dort, innerhalb einer Kultur, die noch nicht westliches Denkgebaren angenommen hat, gilt jemand, der eine Ausbildung genossen und sich irgendein Hochschuldiplom erworben hat, als Intellektueller. Er setzt eine dunkle Brille auf und steckt sich einen Füller in die Brusttasche. Er ist ein Intellektueller, und der arbeitet nicht. Man arbeitet nicht, wenn man ein Intellektueller ist! – Sie können dort also durchaus Geld hineinstecken. Aber was gibt Ihnen die Sicherheit, dass diese Menschen auch wirklich als Ärzte arbeiten, wenn sie einmal ihren Titel haben? Dass sie nicht nur als Arzt arbeiten wollen in einer schönen Klinik in der Hauptstadt, sondern auch als Landarzt, der zu den Stämmen hinausgeht und sich bemüht, das zu erfüllen, was Sie von ihm erwarten?»

Sie sagten: «Ja, das verstehen wir und das wissen wir. Wir haben schon Beispiele dafür erlebt. – Dann sagen Sie uns bitte jetzt: Wie hoch sind die Kosten, unter denen wir das erreichen, was wir vorhaben?»

Ich sagte: «*Kosten* tut es nichts. Aber Sie müssen die Menschen *motivieren* können, Menschen, die ihre Arbeit wirklich *tun wollen* ...»

Noch ein Gebiet ist zurzeit in Entwicklung begriffen, das Gebiet der Gewinnung und Auswertung von Informationen für das Gesellschafts- und Geschäftsleben: die «Systemanalyse» – eine Methode, um das Schema zu entdecken, nach welchem Vorgänge innerhalb von Menschengruppen, die zusammenarbeiten, ablaufen. Das kann eine Kirchengemeinde sein, eine Firma, ein Büro oder ein Postamt. Können wir genau erforschen, wie ein solches System arbeitet? Welche Strömungen kommen da zusammen usw.? – Solche Bemühungen sind ja etwas Berechtigtes, das mit der Bewusstseinsseelenzeit verbunden ist. Die Bewusstseinsseele will nicht im Erfühlen leben, sondern im wirklich bewussten Wahrnehmen und Zueigenmachen.

Eine Problematik ist aber, dass solch ein System in eine Form gebracht wird, in der es in einen Automaten gesteckt werden kann. Das wäre an sich nichts Beunruhigendes, außer der Tatsache, dass die Menschen, die die Systemanalyse durchführen, die Neigung haben, direkt von der Information in die Entscheidung zu schießen. Sie erhalten Informationen; sie fügen sie in ein Modell ein; aus dem Modell heraus kommt es zu einer Antwort. Diese Antwort soll zugleich die fertige Entscheidung sein.

Doch mit dieser Antwort kann man nur etwas anfangen, wenn man die Kriterien kennt, die zuvor in das Modell miteingeflossen sind. Dann können wir zurückschauen und sagen: Mit diesen und jenen Kriterien haben wir dies und das herausgefunden. Doch müssen wir uns selbst stets der Kriterien völlig bewusst sein, die wir in diesem Moment, in diesem bestimmten Fall anwenden. Wenn das so ist, kann uns der ganze Forschungsaufwand viel helfen. Aber die meisten Menschen haben nicht die nötige Zeit oder nicht das nötige Durchdringungsvermögen; außerdem werden die Dinge so kompliziert, dass nur noch Spezialisten damit umgehen können. Die Menschen, die dann Entscheidungen fällen, sind nicht in der Lage, die Kriterien noch zu sehen, die im Modell verankert sind. Ja, größte Entscheidungen kommen heute auf diese Weise zustande – Entscheidungen in der Außenpolitik, über Krieg und Frieden, über Wirtschaftsfragen und so weiter.

Seit die Atomkräfte kontrollierbar geworden sind, gäbe es im Prinzip keine Energie- und Rohstoffknappheit mehr. Sollte zum Beispiel einmal die Wolle ausgehen, würde man einfach etwas anderes Verwendbares an deren Stelle schaffen. Die moderne chemische Industrie stellt uns Materialien zur Verfügung, die wir uns früher aus der Natur holten, als wir noch von ihr abhängig waren. Diese vermeintliche Unabhängigkeit von der Natur ist eine der neuen Tatsachen, mit denen wir heute leben. Es wird sich schon zeigen, ob nicht neue Abhängigkeiten entstehen werden.

Wir sehen also: Dasjenige, was im ersten Drittel des 20. Jahrhunderts als Modell auftauchte, ist während des zweiten Drittels auch beherrschbar geworden. Wir können uns fragen: Was wird als Nächstes kommen? Ahriman träumt von der Eroberung nicht nur der Erde, sondern des gesamten Alls. Er will seine eigene, durch den Menschen erschaffene Welt aufbauen, die er dann an sich ziehen will – herausziehen aus der Evolution der Menschheit, der Evolution des Kosmos. Wird ihm das gelingen? Er wird es tun, und er hat schon damit begonnen. Aber in uns steht doch im Hintergrund die wunderbare Imagination da: Michael, der hinter Ahriman steht, die endgültige Abrechnung haltend.

Bald werden die Wissenschaftler über die Kräfte der Vererbung verfügen können. Man wird alles einsetzen, was möglich ist, um die Vererbung «zu verbessern». Stellen wir uns die Menschen vor, die über diese Dinge heute sprechen. Ich kenne jemanden, der auf diesem Gebiet tätig ist. Man kann sehen, dass er ein hochintelligenter Mensch ist. Aber wenn Sie mit ihm sprechen, haben Sie das Gefühl, als sprächen Sie mit einem Jungen von höchstens fünfzehn Jahren. Er ist in Wirklichkeit um die vierzig, aber in seiner Entwicklung, in der Art, wie er als Mensch im Leben steht, ist er ganz wie ein Jugendlicher, mit all der Begeisterung, die Jugendliche haben, und allen negativen Äußerungen, die Jugendliche abgeben, wenn sie gegen etwas kämpfen, was ihnen nicht gefällt. Gerade solcher, nur teilweise entwickelter Intelligenzen kann Ahriman sich bedienen.

Jetzt sollen wir also sehen, ob wir dagegen etwas ausrichten können. Es kann sehr schwer sein, dagegen anzugehen; denn wir müssen erst einmal so klug sein wie unser Gegenüber. Rudolf Steiner warf die Frage auf: Hat es Sinn, jemanden mit Logik zu bekämpfen, wenn dessen Logik eine andere ist als die unsere?

Als Anthroposophen haben wir eine eigene Logik, doch müssen wir uns in die Logik der anderen hineinversetzen und uns mit ihnen auf dem Felde ihrer Logik auseinandersetzen. Unsere Logik ist ein Parameter hinsichtlich ihrer Logik, und das bedeutet, dass es sehr schwierig ist, einen Zugangsweg zu finden. Es wird wohl hauptsächlich im rein menschlichen Bereich sein, dass man Gelegenheit hat, solchen Menschen wirklich nahezukommen.

Es kann sein, dass sich so etwas in den Nachtstunden einmal ergibt. Ich erinnere mich an eine solche Begebenheit.

Ich fuhr einmal spät nachts im Auto, vor uns noch etwa zweihundert Kilometer, auf einer einsamen Straße, keine anderen Autos sonst – da sagte so jemand, im Dunkel des Wagens, zu mir: «Wissen Sie, als ich achtundzwanzig Jahre alt war, hatte ich ein Erlebnis, ein Erlebnis, vor dem ich ratlos stand. Etwa zwölf Jahre danach war ich in Asien und begegnete dort einem Einheimischen. Er musterte mich und sagte: ‹Vor etwa zwölf Jahren haben Sie dieses und jenes erlebt!› Er erzählte mir genau, was es war, und sagte dann: ‹Ich werde Ihnen nun deuten, was Sie erfahren haben.› Er deutete dann auf eine vorangegangene Inkarnation. Dann hatte ich vor Kurzem eine Begegnung mit jemandem, der mich auf dieselbe Inkarnation hinwies.» – Dies war das zweite Erlebnis, das mein Beifahrer gehabt hatte, und er bat mich: «Nun habe ich gehört, dass Sie Anthroposoph sind. Sagen Sie mir bitte offen: was hat es mit all dem eigentlich auf sich?» – So offen war er in dieser Nacht, in einem Auto, das mit etwa einhundertzwanzig Stundenkilometern dahinfuhr, und ich konnte eine Stunde lang darüber sprechen. Am folgenden Tag traf ich ihn in der Universität. Da war er wieder verschlossen. Aber es wird wieder ein Augenblick kommen, in dem man mit ihm sprechen kann. Die Menschen haben viel mehr Erlebnisse, als wir wissen. Gerade solche hervorragenden Wissenschaftler haben innere Erfahrungen, die sie nicht mitteilen können.

Zu den Tatsachen, die auf die Menschen in den nächsten Jahren zukommen werden, gehört die ständig zunehmende Steuerung des sozialen Lebens durch die Systemanalyse. Wir werden ein völliges Hinschwinden auch des letzten Privatlebens erleben.

Das hat in Europa schon begonnen. Ich weiß nicht, wie es hier in den Vereinigten Staaten steht – in Holland jedenfalls, im Bereich der Gesundheitsfürsorge, will man bereits alle

Daten über Krankheiten, Aufenthalte in Krankenhäusern und dergleichen auf einer Karte vermerken, die schon bei der Geburt ausgestellt werden soll, und diese Karte ginge an eine zentrale Stelle. Wenn in der Zukunft einmal die Codenummer für jeden Niederländer Wirklichkeit sein wird, wird ein jeder auch im Zentralcomputer gespeichert sein, mit allen Krankheiten, die er gehabt hat, mit allen Steuern, die er bezahlt hat usw.

Es wird künftig dann so sein: Ein Arzt, der einen Patienten untersucht, braucht nur eben zu telefonieren, und er erhält eine automatische Antwort auf seine Erkundigungen, aus dem zentralen Computer. Man möchte alles über den Einzelnen wissen. Das wird kommen: ein ständig zunehmender Verlust jeglicher persönlicher Sphäre. Alles, was Sie tun, wird irgendwo festgehalten werden. Sie fragen: Warum? – Nun, es könnte einmal von Nutzen sein. Zur Zeit wird in Holland gerade solch eine Datensammlung aufgebaut bezüglich der Krankenhausaufenthalte und der medikamentösen Behandlung, um eine Kosteneinschätzung im Verhältnis zur Verweildauer in Krankenhäusern zu ermöglichen. Diese Daten gehen in ein zentrales Archiv des Gesundheitsministeriums, werden dort gesammelt und statistisch ausgewertet. Man wird dann folgern können: Gallenblasenoperation: siebzehn Tage Krankenhaus.

Jetzt stellen Sie sich einmal einen Chirurgen vor, der seine Patienten auf eine andere Art behandelt. Die Statistik erweist, dass seine Patienten dreiundzwanzig Tage bleiben, weil ihre Nacherholung bei ihm anders verläuft. Vielleicht nicht gleich beim ersten, sicher aber nach dem zehnten Patienten bekommt er einen Hinweis: «Dr. X, Ihre Gallenblasenpatienten bleiben zu lange im Krankenhaus, Sie müssen sie fünf Tage früher entlassen.» So etwas wird immer mehr in unserem sozialen Lebensbereich auftreten.

Womit müssen wir in den kommenden Jahren nach 1965 rechnen? Mit Überfluss – Überfluss an Energie, an Rohstoffen, an Informationen und Medikamenten, an Nahrungsmitteln, Kleidern, kurz – auf allen Gebieten. Ahriman möchte uns das alles nur zu gerne geben, nur gelingt es ihm nicht immer! Nur eines ist verboten: *Das eigene Urteil.* Das Urteil des Individuums, des Ichs, muss ausgetilgt werden. Für Ahriman lautet die entscheidende Frage: Wird der Intellekt oder die «Dummheit» sich durchsetzen? Für Ahriman ist alles, was aus der geistigen Welt kommt, Dummheit. Es gibt dazu auch einen Hinweis Rudolf Steiners: Wenn wir uns je auf eine Diskussion mit Ahriman einließen, würden wir unweigerlich zerschmettert werden durch die logische Folgerichtigkeit und Zielsicherheit, mit welcher er seine Beweisführung handhabt.

Dummheit ist für Ahriman alles, was nicht eine bestimmte persönliche Intellektualität besitzt. Jedes ahrimanische Wesen ist in hohem Maße begabt mit jenem Intellekt, wie ich ihn gerade beschrieben habe: kritisch, alle unlogischen Dinge ablehnend, voller Verachtung und Hohn. Wenn wir Ahriman in dieser Art innerlich vor uns hinstellen, werden wir den großen Kontrast zwischen Ahriman und Michael empfinden. Michael hat nicht das mindeste Interesse an dem persönlichen Charakter des Intellekts. Die Intelligenz zu einer persönlichen zu machen, erstreben nur Menschen, die im Banne des ahrimanischen Schematismus leben.

Ahriman hat ein geringschätziges Urteil über Michael. Er hält Michael für töricht und dumm. Denn Michael will nur – und hat das durch Tausende von Jahren, ja durch Äonen gewollt – die kosmische Intelligenz verwalten. Nun hat der Mensch wieder die Möglichkeit, jene von Michael verwaltete Intelligenz zu erreichen als die gemeinsame und umfassende Intelligenz, die *allen* Menschen *gleichermaßen* zugutekommt.

Das ist der große Unterschied zwischen michaelischer Intelligenz und ahrimanischem Intellekt. Die michaelische Intelligenz kommt allen Menschen gleichermaßen zugute. Das will besagen: es ist nicht *mein* privater Intellekt, den *ich* besitze, mit dem ich Geld verdienen kann. Mit einem solchen, als persönlichen Besitz empfundenen Intellekt, kann viel Geld gemacht werden. Man wird im selben Augenblick allerdings zum Sklaven.

Michael erweckt uns eine Pan-Intelligenz, die über diesem Intellekt steht, eine allumfassende, d. h. kosmische Intelligenz. Die kosmische Intelligenz Michaels wie auch der Anthroposophie muss an alle hingeschenkt werden – zum Wohle aller, in gleichem Maße. Sie muss sich frei äußern können, weitergegeben werden können, darf nicht persönlicher Besitz sein. In der besten Art kann sie zu den Menschen gelangen, wenn diese eine Gemeinschaft bilden und versuchen, sich gegenseitig bei ihrem Erfassen zu helfen.

Wie können wir in diesem letzten Jahrhundertdrittel Michael helfen, innerhalb des ahrimanischen Kräftespiels doch wirksam zu werden? Der einzige Weg, Ahriman abzuwehren, ist der von innen heraus. Denn dann können wir beobachten, was er tut. Wenn wir versuchen, aus der Anthroposophie heraus zu arbeiten, können wir nicht draußen stehenbleiben. Wir müssen uns in all diese Dinge hineinstellen. Wir müssen wissen, wie unser soziales Leben manipuliert wird, denn nur aufgrund der Erkenntnis, wie das geschieht, können wir Ahriman abwehren. Dies ist auch der Grund, warum wir uns nicht isolieren dürfen, in dem Gefühl, dass wir die wenigen «Begünstigten» gegenüber der «schlechten Außenwelt» sind.

Wir können Michael auf zweierlei Art helfen. Wir haben einmal den inneren Schulungsweg, wie ihn Rudolf Steiner am Anfang seiner anthroposophischen Wirksamkeit in *Wie erlangt man Erkenntnisse der höheren Welten?* beschreibt. – Außerdem haben wir die Möglichkeit, die Offenbarungen der geistigen Welt zu studieren und können aus diesem Studium heraus damit beginnen, erste Schritte zur Imagination hin zu machen. Wir können unseren inneren Entwicklungsweg gehen und versuchen, durch Nachvollziehen eines Aufbaus von Bildern in unseren Seelen langsam Imaginationen in uns zu entwickeln, bis wir einmal reale Bilder einer übersinnlichen Wirklichkeit erfassen. Eine Imagination, solch ein Bild von einer übersinnlichen Wirklichkeit, ist das Gegenbild zu einer ahrimanischen Modellvorstellung. Auch Ahriman ist bestrebt, Imaginationen hervorzurufen – allerdings eben in der Form von Modellen. Wir müssen die andere Seite solcher Imaginationen suchen – durchstoßen zur wirklichen Imagination, zu lebendigen Bildern. Wir müssen unsere Imaginationskräfte stärken und zur Welt der Inspiration gelangen, wo dann diese Bilder immer mehr zur Wirklichkeit werden. Und aus dieser geistigen Wirklichkeit heraus, in der wir dann stehen, kommen wir zur Welt der Intuition, ein Bereich, wo die Fähigkeit wurzelt, Dinge aus geistigen Kräften zu tun. Das ist der eine Weg: die Welt betrachten, indem wir uns nach innen kehren, einen inneren Weg gehen und eine innere Welt der Imagination, Inspiration und Intuition aufbauen.

Nach der Weihnachtstagung 1923 sagte Rudolf Steiner: Nun kann es zum ersten Mal einen zweiten Weg für die Menschheit geben. Es ist der Weg der Naturwissenschaften. – Es ist der Weg, den Goethe bei seinen Pflanzenstudien eingeschlagen hat. Er betrachtete die Welt so, dass sie ihm für die in ihr wirkenden Kräfte transparent wurde. Es ist ein Weg des Durchschauens der Äußerlichkeit der Welt und des Erkennens der Realität, die sich hinter ihr verbirgt. Es ist dies allerdings ein Weg, auf dem ein Einzelner für sich nicht weit gelangen kann. Er kann da seine ersten Schritte selbstständig machen. Wenn er aber einmal richtig begonnen hat, dann sollte er – so Steiner – die Hilfe eines anderen, mehrerer anderer haben, und er sollte Glied einer Gruppe sein, die zusammenarbeitet. Nicht, um schließlich für sich selbst das erarbeitete Resultat zu besitzen, also zu dieser verborgenen Realität vorzudringen, sondern um die Möglichkeit zu erlangen, es so darzustellen, dass es auch an andere Menschen weitergegeben werden kann. Das ist ja etwas ganz anderes! Ich weiß etwas – aber: Kann ich es auch anderen vermitteln?

Es gibt einen Weg, den wir alleine gehen können. Er wurde am Beginn der anthroposophischen Bewegung gegeben. Diesen Weg wird man immer zur eigenen inneren Entwicklung beschreiten können. Er beginnt mit der Imagination, kommt zur Inspiration und führt schließlich zur Intuition. Rudolf Steiner führt nun aber aus, dass *jetzt* ein anderer Weg gangbar geworden ist: Er beginnt bei der Intuition, kommt zur Inspiration und endlich zur Imagination. Das bedeutet: wir *tun* Dinge aus einer Sicherheit heraus, die im Geistigen wurzelt. Das ist eine völlig richtige Sache. Wir tun etwas aus einem Leben mit der Realität geistiger Faktoren, und wir sehen danach, ob es *gut* war oder nicht. Das Wissen kommt später.

Der erste Weg war der Weg der alten Mysterien durch Tausende von Jahren, und dieser musste bis 1923 beschritten werden. Dann erneuerte Rudolf Steiner die Mysterien und gab diesen einen, neuen Weg. Er berichtete sogar, dass er gehasst wurde von Menschen, die nur den anderen Weg kannten. Sie sagten gewöhnlich: «Das ist der Weg der Verantwortungslosigkeit. Man muss erst etwas wissen, sich dann in die Wirklichkeit hineinbegeben und dann handeln.»

Jetzt kommen neue Menschen. Sie sagen: «Wir arbeiten miteinander, und aus unserem Stehen in der Realität einer

Gruppe, die ihr gemeinsames Ziel und Objekt außerhalb der Gruppe hat – eine Schule, ein Hofbetrieb, die Finanzierung eines neuen Gebäudes –, daraus handeln wir.» Wenn diese Leute zusammensitzen, versuchen, einander zu vertrauen und miteinander zu arbeiten, dann tritt der Augenblick ein, da sie etwas tun müssen. Es ist dann möglich, dass die richtige Tat geschehen kann, aus einer geistigen Sicherheit, aus Intuition heraus.

Rudolf Steiner sagt, dies sei besonders für viele Betätigungen im medizinischen Sektor möglich. Wenn ein Arzt vor seinen Patienten steht, in der Sprechstunde, hat er die Kenntnis der Pflanzen und Mineralien, und weiß, was man damit tun kann. – Dann muss er den Patienten kennenlernen, ihn über seine Nöte befragen. Aus alldem heraus muss die Intuition kommen: Ich muss Arnica D12 geben.

Das ist ein Akt der Intuition zwischen zwei Menschen. Vielleicht kann es der Arzt später wieder auf eine andere Weise anpacken. Als ich mit meiner ärztlichen Arbeit begann, gab es auf der ganzen Welt nur einen Ort, wo man diese Wege kennenlernen konnte. So ging ich in die Klinik nach Arlesheim und befragte die Ärzte. «Was geben Sie in diesem oder jenem Fall?» Ich hatte ein kleines Büchlein. Da schrieb ich alles auf, was ich hörte. In dieses Büchlein trug ich etwa dreißig Krankheitsbilder und dreißig Medikamente ein. Damit fing ich an. Die Gnade war mit mir. Niemals hatte ich solchen Erfolg, wie in diesem ersten halben Jahr!

Aus dem, was da webt zwischen einem Fragenden und einem, der bereit ist, richtig zuzuhören und aus seiner Kenntnis heraus zu helfen, stellt sich der Moment ein, in dem wir das rechte Heilmittel geben können: Gib es – nimm es – es ist richtig. Nachher fragen wir uns: «Warum habe ich eigentlich dieses Heilmittel in jener Potenz gegeben?» Wenn wir dann nachdenken, werden wir einen Grund finden. Wir können rückblickend sagen: «Ja, es war begründet, dass ich so gehandelt habe.»

Dasselbe ist der Fall zwischen Lehrer und Kind. Während des Unterrichts kommt es vielleicht vor, dass ein Kind etwas sagt, was sich nicht ziemt. Was muss der Lehrer tun? Wenn er zu sich sagt: «Ich muss überlegen, was Rudolf Steiner darüber alles gesagt hat», dann wird es zu spät sein. Er muss etwas tun. Am Abend wird er, beim Rückblick auf den Tag, sehen, ob er richtig oder falsch gehandelt hat. Seine Intuition war falsch oder richtig. Er hat für ein nächstes Mal gelernt. – Diese Praxis der Intuition kann zu einem neuen Weg der inneren Entwicklung werden. Man geht ihn *im Tun*.

Nehmen wir an, eine Schule hat zehn Klassen und zehn Klassenlehrer. Diese arbeiten in geistiger Hinsicht zusammen, auf dem Boden der Anthroposophie. Sie bemühen sich, das Beste zu vollbringen, was sie können, auf der Grundlage von Rudolf Steiners Werken und aus gegenseitiger Achtung und Wertschätzung heraus.

Wenn nun auch ein jeder als Einzelner vor seiner Klasse steht, so kann er doch aus der Gruppe der Lehrer heraus handeln. Ein solcher geistiger Einfluss auf Kinder ist nicht nur zehnmal größer als der eines Einzelnen, er ist zehn mal zehn so groß. Die Kräfte aller anderen tragen ihn, und er trägt alle anderen mit. Das setzt eine Gruppe voraus, in der Vertrauen zwischen Mensch und Mensch herrscht.

Die tiefste Sorge wird in der Zukunft sein: Man vertraut jemandem, und der verrät dieses Vertrauen. Gebrochenes Vertrauen wird der tiefste Schmerz für diejenigen Menschen sein, die für Michael in der kommenden Zeit streiten werden. Es ist die Intuition betrogen. Man kann nicht länger zusammengeschlossen dastehen, sondern muss jetzt allein stehen. Wer je an einer so zusammenwirkenden Gruppe teilgehabt hat, der weiß, welche Kraft dann verloren ist. Man sieht, welch ein unzulängliches Wesen man ist und wie wenig man erreichen kann, wenn man allein steht.

Doch wir können mit Mut in die kommenden Jahre hineingehen. Es wird einen Strudel der verschiedensten Kräfte geben – in der Wissenschaft, im Gesellschaftsleben, im Erziehungswesen, kurz: auf allen Gebieten. Luziferische und ahrimanische Kräfte werden da sein, aber es werden auch die Kräfte der guten Geister durch sie hindurchwirken. Wenn wir warten wollten, bis wir die feste Gewissheit hätten, ob das gut ist, was wir tun – dann kämen wir nicht dazu, auch nur einen Finger zu rühren. Wir müssen Situationen aus Intuition heraus meistern und dann später daraus lernen wollen. Um Ahriman und seinen Kräften widerstehen zu können, dazu werden wir innerhalb einer Menschengruppe stehen müssen, deren Glieder sich gegenseitig vertrauen, achten, einander helfen und füreinander einstehen. Dann können die Kräfte des Guten wirken – sie können es nicht in diesem Maße, wenn ein jeder für sich allein arbeitet.

Das ist es, was ich vor jungen Menschen aussprechen möchte, die dem 21. Jahrhundert entgegengehen. Es ist Eure Zeit. Es ist Euer Leben. Es ist keine Zeit, in der wir Älteren noch aktiv sein werden. Unsere Generation war eine Generation der Jahrhundertmitte. Nun übergeben wir diese Aufgaben an Euch, Ihr werdet die Hüter dieser Kräfte werden in den nächsten Jahren. Während sich die äußeren Kräfte in einer immer chaotischeren Weise auswirken – chaotischer noch, als im mittleren Jahrhundertdrittel –, biete ich Euch diese Idee an: versucht, Gruppen zu bilden – größere oder kleinere –, die nicht nur auf geistigem Gebiet zusammenarbeiten, sondern auch verantwortungsbewusst Aufgaben in der Welt ausführen. Steht so zusammen, dass ein jeder dabei weiß: Er steht nicht allein; ihm wird vertraut, und er kann den anderen vertrauen.

3. Das Gute tun

Die atlantische Zeit ist bereits weit zurückgesunken; sie liegt in einer fernen Vergangenheit, von der kaum etwas bekannt ist, und selbst das Wenige gilt seit der griechischen Antike, ja eigentlich schon davor, als Mythos. Es ist eine Menschheitsepoche, überspült von Wassern, von Eis bedeckt, von Katastrophen überrollt. Ein Zeitalter, untergegangen in Umwälzungen, Völkerbewegungen, Metamorphosen der Evolution. Unsere alten Kulturen haben ihre Zivilisationszeugnisse über jener versunkenen Ur-Epoche errichtet.

Das Antlitz der Erde hat sich seitdem verändert: Landmassen verschoben sich, Ozeane verlagerten sich, die Wanderungen der in verschiedene Strömungen auseinandergetriebenen Völker brachten dennoch in die nachatlantische Welt Elemente der alten Weisheit wie auch Impulse für die neu entstehenden Kulturen herüber. Diese große Epoche, die auf die atlantischen Zeiten folgte, wird die «nachatlantische Zeit» genannt, und wir leben heute schon in der fünften Periode dieser nachatlantischen Zeit.

Dieser fünfte nachatlantische Zeitraum beginnt ungefähr 1500 nach Christus, in einer Zeit, die ungefähr mit dem Übergang vom Mittelalter in die Blüte der Renaissance zusammenfällt. Die frühen nachatlantischen Perioden wiederholten die Entwicklung der Erde bis zum Beginn des ägyptisch-assyrischen Zeitalters, als die Empfindungsseele zum Träger der geistigen Entwicklung wurde. Das war der dritte nachatlantische Zeitraum, und hinter dem äußeren Geschichtsverlauf bildeten die hinter der Menschheitsentwicklung stehenden Mächte jetzt die Empfindungsseele im Menschen aus.

In dieser Zeit der Empfindungsseele hat die Menschheit die Fähigkeit erworben, die Schönheit verinnerlichen zu lernen, denn diese Empfindungsseele erlangte damals die Fähigkeit, das Schöne in sich zu spiegeln. Dem liegt zugrunde, dass der Astralleib – in seiner Konfrontation mit der Außenwelt – auf sie einwirken konnte; während die Außenwelt ihrerseits auf den Astralleib einwirkte. In diesem Zusammenhang war der Astralleib allerdings ein vorwiegend auf die Außenwelt gerichtetes Reaktionsorgan: Sie wirkte unmittelbar auf ihn ein, worauf er ebenso unmittelbar reagierte. Durch die Entwicklung der Empfindungsseele verlor sich allmählich das Direkte dieses Prozesses. Er konnte mehr als eine Art innerer Spiegelung erfahren werden, und die Empfindungsseele konnte nun die Inhalte und die Schönheit der Außenwelt mehr verinnerlichen. Diese Erfahrung konnte dann wiedererlebt werden, als eine innere Welt – innerhalb der Empfindungsseele. So begann in der Empfindungsseele der Sinn für *Schönheit* aufzutreten.

Dieser Periode folgte der griechisch-römische Zeitraum, der bis ins Mittelalter dauerte. Ein neues Erleben trat auf: Aus dem verinnerlichten Fühlen stieg die Entdeckung des verinnerlichten Denkens herauf. Dieser Übergang vom Denken in der Welt zum Denken über die Welt war möglich geworden durch das Erwachen einer neuen Seelenqualität: der Verstandesseele. Nun konnte die Außenwelt in Gedanken gespiegelt werden.

Diese Gedanken, die bis dahin lediglich als zur Welt gehörig in der Wahrnehmung selber direkt erschienen – das bedeutet: als außerhalb des Menschen existierend –, sie wurden jetzt als Abspiegelungen der Welt erlebt, als Gedanken *über* die Welt *im* Menschen selbst. So bekamen sie eine gewisse Unabhängigkeit und Losgelöstheit der Welt gegenüber. Der Mensch konnte sie nun als eine Schöpfung der Welt innerhalb seiner selbst erleben. Das höchste Ideal, wonach der Mensch streben konnte im Zuge dieser neuen Verinnerlichung der Gedanken, war die Wahrheit. Wahrheit war für die Verstandesseele, was Schönheit für die Empfindungsseele bedeutet hatte – die Abrundung ihrer Entwicklung, das höchste Ziel, das anzustreben war.

Wie das Ringen um die Geburt der Schönheit in der Empfindungsseele in der vorausgegangenen Zeit ein Entwicklungsweg war, so war es das Ringen um das Finden der inneren Wahrheit, welches der Verstandesseele zur Entwicklung diente.

Dies spricht deutlich aus der Entwicklung der griechisch-römischen Philosophie, tritt aber noch stärker hervor während der ersten christlichen Jahrhunderte und im Mittelalter, als die Suche nach der Wahrheit zum Kampf gegen die Täuschung wurde. Der Kampf gegen die Täuschung wurde so etwas wie ein Resonanzboden für das Wahrheitsstreben des Menschen. Die Wahrheit war sozusagen der Schleifstein, an dem die Verstandesseele «gewetzt» werden musste. Irrtum wurde nicht einfach als etwas Falsches betrachtet, sondern als eine Verunreinigung des Seelenorgans, aus dem sich die Verstandesseele entwickeln wollte. Verbannung und Tod waren die Strafen, die darauf folgten. Die Menschen dieser Jahrhunderte erlebten die Wirklichkeit dieses Kampfes so stark, dass es sie besser dünkte, Menschen wegen ihres Irrens zum Heil der Wahrheit zu verbrennen und selbst verbrannt zu werden, als die Sache zu verraten. Dies spiegelt sich wider in den riesigen Registern von Märtyrern und Ketzern durch all diese Jahrhunderte hindurch. Als das Jahr 1500 herannaht und Europa zum Bewusstsein seiner Eigenart und seines Erbes zu erwachen beginnt, richtet es zum ersten Mal den Blick über seine Grenzen hinaus auf die Gesetze und Ideale des Altertums und beginnt in der Folge am Dogma zu zweifeln.

Neue Fähigkeiten und neue Zeiten zeichnen sich jetzt ab. Die Rolle der methodischen Beobachtung und der Objektivität verdrängt mehr und mehr die scholastische Beweisführung. Die Naturwissenschaft begrüßt ihre ersten Vorläufer im Geist der neuen Zeit. Sie sind nicht länger, wie die Weisen des Altertums, Bewacher von Schatzkammern und Lehrer der Mysterienweisheiten, sondern eine neue Kerngruppe von Entdeckern; so sind auch die großen Humanisten Menschen, die im selben Geist das Schauspiel der Geschichte und die Rolle des Menschen beobachten. Das alles läutet das Zeitalter der Bewusstseinsseele ein.

Gegenüber der Verstandesseele, die sich schulte, die Täuschung zu überwinden, hat die Bewusstseinsseele nicht die Aufgabe, die Wahrheit herauszuschälen, sondern *das Gute* in der Begegnung mit dem Bösen *zu verwirklichen*. Die Verstandesseele entwickelte sich durch das Verinnerlichen der Wahrheit. In dem Zeitalter der Bewusstseinsseele hat der Mensch die Aufgabe, eine weitere, neue Seelenqualität zu entwickeln, dadurch, dass er *das Gute* verinnerlicht. In jedem Menschen, der in den chaotischen Konflikten der Welt von heute steckt, steigt aus der Verstandesseele die Frage auf: Wie entwickle ich diese neue Bewusstseinsfähigkeit, das Gute zu finden?

Das umfasst zuerst einmal die Notwendigkeit, in und mit der Welt zu leben, denn man kann «das Buch des Guten», sozusagen, nicht mitnehmen in eine Zelle, irgendwo weit weg von den Menschen, um es im klaren Lichte des Verstandes zu lesen. Der moderne Mensch sitzt da in der Klemme, denn er muss – damit er seine Suche nach dem Guten betreiben kann – auf der Erkenntnis der Wahrheit aufbauen. Wo aber, inmitten der miteinander konkurrierenden Ansprüche auf Wahrheit, die heutzutage so üppig wuchern, inmitten des Leugnens der Wahrheit überhaupt – wo kann er sich dieses

Wissen erwerben? Und die Verwirrung reicht noch tiefer. Denn – wie kann der moderne Mensch, wenn er einmal gefangen ist in dem mitreißendem Zugriff der Welt, und der dem Bösen im Lichte eines neuen Bewusstseins begegnen will, wissen, ob er *das Gute tut*, wenn er etwas tut? Er glaubt vielleicht, dass er die Wahrheit spricht, die Wahrheit, die er sich errungen hat aus vernunftgemäßem Nachdenken, dem Erbe der Verstandesseele. Doch selbst wenn man etwas Wahres ausspricht – ist das dasselbe, wie wenn man etwas Gutes tut?

In der Zeit der Bewusstseinsseele entdecken wir schon bald, dass etwas nur dann in den Bereich des Guten gehören kann, wenn es getan wird. Goethe hat dies schon bezeugt, indem er sagte: «Denn schließlich muss alles noch *getan* werden.» Die Wahrheit kann erkannt werden, das Gute kann nur getan werden. Und da die neuen Mysterien im Zeitalter der Bewusstseinsseele nicht Mysterien sind von Wahrheit und Irrtum, sondern Mysterien des Guten, sind es *Mysterien der Tat: Mysterien des Willens.*

Die Aufgabe des modernen Menschen ist es, dem Bösen entgegenzutreten, um das Gute hervorzubringen. Das ist die Metamorphose der Bedingung im Zeitalter der Verstandesseele, als es darum ging, sich mit der Täuschung auseinanderzusetzen, um die Wahrheit offenbar zu machen.

Ein Studium der Anthroposophie mit dem Ziel, sich ein richtiges Wissen über sie zu erarbeiten und zur Wahrheit durchzudringen, bedeutet eigentlich nur, dass die Anthroposophie von der Verstandesseele ergriffen wird. Um sie in die Sphäre der Bewusstseinsseele aufzunehmen, «muss alles noch getan werden». Die Anthroposophie kann nicht nur studiert und als Wissen herumgetragen werden. Sie muss verwirklicht werden in der Welt!

Bevor wir nun aber darangehen, darüber zu sprechen, wie

ein Weg zu finden ist zur Verwirklichung des Guten, müssen wir erst die Wurzeln des Bösen begreifen.

Vor dem Zeitalter der Atlantis, in der lemurischen Zeit, betrat Luzifer das Entwicklungsterrain der Menschheit. Dies geschah in der fünften Periode der lemurischen Zeit, als die Venuskräfte auf die Menschen einwirkten und die Kultur sich im Süden abspielte, in dem Gebiet, wo heute die Malaysischen Inseln liegen. Luzifer ergriff die Gelegenheit, in die lemurische Entwicklung einzudringen und rief eine große Veränderung hervor – das Entstehen der Geschlechter: die Menschheit ward zweigeteilt. Durch die Existenz von Geschlechtern konnte Luzifer seine Macht über den Menschen vergrößern. Das wurde ihm dadurch möglich, dass er Begierden in den Astralleib des Menschen hineinmengte. Das Geschenk dieser Entwicklung war die Freiheit.

Ein entsprechendes Ereignis fand in der atlantischen Zeit statt. Da erlangte auch Ahriman Einfluss auf den Schauplatz der Entwicklung, und zwar während der Kultur des turanischen Volkes. Die Turanier veränderten die Kultur des Adlers zur Kultur des Skorpions. Sie übernahmen von den Ur-Tolteken die Kunst des Pflanzenanbaus, aber bildeten Fortpflanzungskräfte zu magischen um, mittels derer sie auf die Ätherwelt einwirken konnten. Hierdurch konnte Ahriman Einfluss gewinnen. Es gelang ihm dadurch, dass er in die Ätherleiber der Menschen das Element der Täuschung brachte. Das Geschenk, das aus diesem Entwicklungsschritt entsprang, war das Selbstbewusstsein.

Während der Periode, die den atlantischen Epochen folgte, beginnen nun die Asuras, die Gelegenheit zu nutzen, auf dem Entwicklungsschauplatz Fuß zu fassen. Erst in der Bewusstseinsseelenzeit können sie an das Ich des Menschen herankommen.

Diese Asuras sind finstere Archai-Wesen, also Geister der

Persönlichkeit und Zeitgeister. Schon auf dem alten Saturn haben sie sich von der ganzen Menschheitsentwicklung zurückgezogen. Sie unterscheiden sich von den auf der alten Sonne entstandenen ahrimanischen Wesen und den auf dem alten Mond in Tätigkeit gekommenen luziferischen Wesen dadurch, dass sie den gesamten Entwicklungszyklus nicht wollen, während Ahriman und Luzifer sich in die menschliche Entwicklung hineinstellen – und zwar jeder mit seinen eigenen Zielen.

Wir haben jetzt ein gewisses Bild davon, wie in bestimmten nachatlantischen Zeiten die Richtschnur der Entwicklung durch ganz verschiedenartige Kräfte aufgegriffen und weitergesponnen wurde. In der nachatlantischen Entwicklung der Empfindungs- und Verstandesseele finden wir eine gewisse Wiederholung der lemurischen und atlantischen Zeiten. Ganz so, wie Luzifer in der lemurischen Zeit auftrat, wirkte er dann auch auf die Empfindungsseele ein, weckte dort Begierden und Leidenschaften. Diese Begierden und Leidenschaften finden dann ihre Gegenstücke in Krankheit und Tod. Die guten hierarchischen Kräfte gaben uns als eine Hilfe gegen diese negativen Kräfte die Kräfte des Heilens.

In der nachatlantischen Entwicklungsphase der Verstandesseele tritt Ahriman ganz so auf, wie er zuvor in der atlantischen Zeit aufgetreten ist. Er wirkt auf die Verstandesseele ein, indem er die Möglichkeit des Irrtums bringt. Ahriman hätte dadurch die ganze Menschheitsentwicklung zugrunde richten können, hätten uns nicht die guten hierarchischen Mächte das Karma als Hilfe gegen die Täuschung geschenkt. Das individuelle Karma des Menschen bedeutet die Möglichkeit, den Irrtum zu korrigieren im Leben zwischen Tod und neuer Geburt. Darum kannte man das Karmagesetz in der Zeit der Verstandesseele eigentlich noch wenig – es war wichtiger, dass Karma einfach gelebt wurde. Nach dem Jahr 1500 ungefähr, am Anfang der Bewusstseinsseelenzeit, kommt das Ich in seinen eigentlichen Entwicklungsprozess. Ab diesem Zeitabschnitt treten die Asuras auf. Asuras sind der Antichrist, weil sie der gegen jegliche Entwicklung gerichtete Geist sind, «die Würgengel des absoluten Nihilismus», wie Rudolf Steiner sie einmal nannte.

Die Asuras durchsetzen den physischen Leib, sie trachten danach, Stücke des Ich von dorther in Besitz zu nehmen. Diese lösen sich von dem eigentlichen Ich los, und aus diesen «Stückchen» gestohlener «Ich-Substanz» können dann dämonische Phantome geboren werden. Die Phantome, die so ihr Leben mit gestohlenem Menschen-Ich speisen, erlangen dann die Freiheit, dieses Menschen-Ich für ihre eigenen Bestrebungen zu verwenden. Ein Teil der menschlichen Ichheit ist auf diese Weise in Material für dämonisches Unwesen verwandelt. Wenn dies einmal geschehen ist, können die Folgen davon innerhalb der gesamten jetzigen Entwicklungsphase der Erde nicht mehr gutgemacht werden. Mittels der gestohlenen «Ich-Stücke» des Menschen können die Asuras dann ihr Treiben unkontrolliert fortsetzen. Erst im folgenden großen Abschnitt, der Jupiterentwicklung, können durch die Christuskraft diese Phantome menschlichen Ursprungs wieder in den Strom der planmäßigen Erdenevolution aufgenommen werden.

Die Asuras wirken vom korrumpierten physischen Leib aus auf das Ich des Menschen dadurch, dass sie eine Art theoretischen Materialismus in das Leben der Bewusstseinsseele hineinbringen, gerade jetzt, da die Bewusstseinsseele ihre Entfaltung erlebt. Der Mensch wird, da er sich diesem theoretischen Materialismus als Weltanschauung hingibt, abgeschnitten von übersinnlichen Erkenntnissen und geistigen Wirkungen. Es herrscht dann auch die Neigung, alles, was mit dem Wirken geistiger Kräfte zusammenhängt, zu vergessen. Der Geburt des Ich durch die Bewusstseinsseele kommt dessen «Abtreibung» zuvor, und die Opfer der Asuras landen häufig in einer niederen physischen Sinnlichkeit. Daraus entstehen innerhalb unserer Kultur «groteske Höllen der Sinnlichkeit», wie Rudolf Steiner es ausdrückte. – Diese Höllen sind dann so etwas wie die Karikatur eines «irdischen Paradieses», wo der äußerliche Fortschritt von seinem geistigen Hintergrund abgeschnitten ist; die Menschen sind eingeschlossen in ein Eigenreich der sinnlichen Befriedigung.

Die Weltanschauung, die diese Entwicklung begleitet, sieht das Menschenwesen als ein einziges Bündel aus rein materiellen Kräften. Der Mensch, die Evolution, die Kulturentwicklung werden als eine bloße zufällige Kombination dieser Kräfte betrachtet. Diese Betrachtungsart leugnet die Persönlichkeit und den Geist und korrumpiert das Wesentliche des Menschseins überhaupt. Rudolf Steiner nennt diese Art des Verderbens, wie sie von den Asuras ausgeht, «sich ergießende Verwesung».

Es gibt ein Gegenmittel innerhalb der physischen Welt gegen die Tätigkeit der Asuras. Das ist die Übung, die Welt um uns herum als ein weites Meer wirkender Willenskräfte anzuschauen. Wo die Asuras versuchen, das Ich an die Sinne zu fesseln, wirkt dieses Gegenmittel: nicht in der Sinneswahrnehmung selbst steckenzubleiben, sondern durch die Sinne hindurch wahrzunehmen. – Das Netz, in das wir uns durch unser Sinnesleben einspinnen – unterstützt durch den wachsenden materiellen Wohlstand –, braucht nicht als ein Meer der Sinnlichkeit angeschaut zu werden, in dem man ertrinken kann, sondern als ein mächtiges Schauspiel siedender, sich überstürzender, aufwallender Willenskräfte. Gelingt es, durch die Sinne hindurch in diese Flut hineinzublicken und die dort waltenden Kräfte nicht als bloße Sinnesreize anzusehen, sondern als Wellen und Strömungen des Willens, dann kann man zu verstehen beginnen, dass diese Willenskräfte Ausdruck von etwas sind, was noch tiefer unter der Oberfläche liegt – der weltenschaffenden Weisheit.

Ein Mensch unserer Zeit jedoch, der in den Geburtswehen der Bewusstseinsseele lebt, steht einer Welt gegenüber, in der die Asuras den Versuch machen, ja, es schon erreicht haben, eine beträchtliche Menge von Ichkräften in Besitz zu nehmen. Wohin muss er sich in dieser Lage wenden, wenn er Kräfte entwickeln will, die ihm helfen, das Gute zu tun? Die Asuras vertreten eine Kraft, die sich gegen alle Entwicklung richtet. Um in dieser Situation einen Ankerpunkt für das Ich zu finden, müssen wir uns den Kräften der Entwicklung zuwenden, müssen wir zu einer Idee kommen, was Entwicklung eigentlich ist, eine Idee, die der Bewusstseinsseelenzeit angemessen ist. Die Anthroposophie kann uns in dieser Richtung zu einem Verständnis verhelfen. Sie ist ja in gewisser Hinsicht eine Verkörperung einer Idee, der Idee der Entwicklung von Kosmos, Natur und Mensch.

Um 1500, am Beginn der Entwicklung der Bewusstseinsseele, ereigneten sich Veränderungen der innerlichen menschlichen Organisation. Etwa in dieser Zeit – Rudolf Steiner beschreibt, dass dabei gewissermaßen ein «kosmisches Gewitter» eintrat – veränderte die erste Hierarchie die Bedingungen für das Denken im Menschen. Alles, was in alten Zeiten Wissen war, war ein Wissen durch das Herz. Von der Mitte des Menschen aus durchdrang das Herz jegliche innere Tätigkeit mit Wärme und Begeisterung.

Ungefähr um das Jahr 1500 «verschrumpelten» diese Denkkräfte sozusagen. Sie schrumpften zusammen und verschwanden aus der strahlenden Mitte des Menschen, bis sie schließlich nur noch im Gehirn waren. Das Denken wurde abgeschnitten von den Herzkräften. Das gab dem Menschen die Möglichkeit, mittels seines Gehirns kühl, objektiv und intellektuell zu werden in seinem Gedankenleben.

Dieser Übergang drückt dem etwa gleichzeitigen Heraufkommen der modernen Naturwissenschaften seinen Stempel auf und wird seinerseits dadurch charakterisiert. Diese Artung des wissenschaftlichen Denkens basiert auf einem neuen Standpunkt, den der Mensch einnimmt, ein Standpunkt, auf dem der Mensch Zuschauer ist. Er ist nicht mehr Teilnehmer am Geschehen. Erkenntnisse gehen aus einem Denken hervor, das zum Gehirn hin verschoben ist und das von einem festen Ansatzpunkt aus die Entwicklung des Kosmos und der Natur betrachtet. Der Mensch ist nicht mehr in der alten Weise selbst in den Kosmos und in die Natur miteinbezogen, seit er diese so wahrnimmt.

In den letzten vierhundert Jahren hat sich diese Art des Erkennens immer mehr durchgesetzt, und sie ist heute die dominierende. Eine so orientierte Wissenschaft – die gleichwohl von unschätzbarem Wert war für den Menschen – birgt in sich eine große Gefahr: der Mensch selbst sieht sich plötzlich außerhalb der Evolution, der Erdenentwicklung stehen. Man kann dieses Phänomen auf verschiedene Art beschreiben: Es entsteht eine automatisierte Welt; man kann auch sagen, eine Welt, in der der Mensch sich allmählich seiner Verbindung zum Geist entfremdet. Die Kirchen führen einen immer aussichtsloseren Kampf im Bemühen, diese Verbindung zu erhalten.

Aus dieser schwierigen Situation heraus fasst Rudolf Steiner den Entschluss, mit der Weihnachtstagung 1923 eine Grundlage für die neuen Mysterien zu schaffen. In der «Grundsteinmeditation» ruft Rudolf Steiner die Menschen auf zum Erüben und Meditieren von «Geist-Erinnern, Geist-Besinnen, Geist-Erschauen». Es ist damit beabsichtigt, eine neue Verbindung zur übersinnlichen Welt zu schaffen, in einer Form, die dem Zeitalter der Bewusstseinsseele angemessen ist, dem Zeitalter, in dem die Richtkraft der Seele auf das Geistige hin in voller Bewusstheit übend aufgebaut wird, auf dass «gut werde, was wir aus Herzen gründen, aus Häuptern zielvoll führen wollen». Es ist ein Weg der aktiven inneren Entwicklung, den Rudolf Steiner hier angibt. Es soll ein Weg sein, der, in unseren bewegten Zeiten, zum Begreifen des Guten führt. Dass das Gute aber Wirklichkeit werden kann, dazu müssen wir weiter kommen als zu einem bloßen Begriff vom Guten – dass das Gute getan werden kann, muss das Ziel sein.

Das Dilemma jeder Lehre ist die starre Festlegung ihrer Regeln und Prinzipien für alle Zeiten. Das Chaos der Moralwerte und die Angriffe auf die überkommenen, erstarrten Prinzipien, die wir heute sehen, spiegeln den Übergang vom Verstandesseelenzeitalter zum Bewusstseinsseelenzeitalter wider. Suche nach «Wahrheit» bedeutet ein Verlangen nach dem Absoluten, das in gewisser Art zu den Bemühungen der Verstandesseele dazugehört. Sobald diese sich aber anschickt, aus ihren Kategorien für Wahrheit heraus festgelegte Prinzipien des Guten zu diktieren, muss das misslingen. In diesem Moment vermischt die Verstandesseele die Wesensarten des Wahren und des Guten. Sie tritt dann über ihre Grenzen, versucht sich der Bewusstseinsseele aufzuzwängen und sie zur Intellektualität hin zu prägen.

Wo die Verstandesseele mit Recht danach trachtet, die ewige Wahrheit zu ergreifen, als so dauerhaft gleichsam, wie die Fixsterne eines ptolemäischen Weltbildes, da sucht die Bewusstseinsseele zu dem Guten, wie es in einer bestimmten *Situation* gilt, vorzudringen. In diesem Sinne ist die Bewusstseinsseele auf das Existenzielle ausgerichtet, wogegen es bei der Verstandesseele um das Essenzielle ging.

Ist die Wahrheit ihrem Wesen nach absolut, allgegenwärtig,

so ist das Gute niemals absolut. «Das Gute» schlechthin, das immer und überall gut ist, gibt es nicht. Das Gute ist abhängig von einer Situation und einem gewissen Zeitpunkt – das Gute ist immer gut im Verhältnis zu etwas anderem.

Die Wahrheit und das Gute zu vermengen, die Ebenen der Verstandesseele und der Bewusstseinsseele verquicken, heißt unendlich viel Streit und Verwirrung hervorrufen in den Beziehungen der Menschen untereinander. Von diesem Gesichtspunkt aus betrachtet sind die neuen Mysterien keine Mysterien der Weisheit. Es sind eher Mysterien der Willenseinweihung, die dazu führt, «dass gut werde», was wir tun.

Für den Weg, auf dem sie das Gute sucht, das «werden möge», hat die Menschheit die guten Helfer der geistigen Welt an ihrer Seite.

Der Erzengel Michael rettete aus dem «kosmischen Gewitter», das um 1500 herum eingetreten war, seine kosmische Sonnen-Weisheit und übermittelte sie den Menschen in Form von Imaginationen seit dem Jahr 1899. Das war die Zeit, da das dunkle Zeitalter des Kali Yuga ein Ende hatte und das geistige Licht die Menschheit wieder erreichen konnte. Kinder, junge Leute, Männer und Frauen, die im 20. Jahrhundert leben, können, weil sie mehr oder weniger geistbewusst durch diese kosmische Schule gegangen sind, eine verborgene, tiefe Erinnerung haben im unbewussten Bereich der Seele – im Bereich des Willens –, wodurch sie die so aufgenommene Weisheit wiedererkennen können, wo immer sie ihr auf der Erde begegnen. Die kosmische Weisheit wird im 20. Jahrhundert und darüber hinaus aus verschiedensten Quellen in die Welt strömen.

Die Weihnachtstagung zur Neubegründung der Anthroposophischen Gesellschaft 1923/24 kann eine solche Quelle sein für die Menschen im 20. Jahrhundert – es ist jedoch von größter Wichtigkeit für alle Menschen, und manchmal besonders für Anthroposophen, zu wissen, dass noch andere Quellen sich der Menschheit öffnen werden.

Eine der Hüllen, die geistige Wesen um Christus herum bilden, wird von der altindischen Weisheit als «Kreis der Bodhisattvas» bezeichnet. Auch sie sind Helfer in der Erziehung und Entwicklung der Menschheit – zwölf Helfer auf dem Wege zum Guten, «das werden möge». Alle fünftausend Jahre steigt einer der Bodhisattvas zur Erde hinunter, um sich als Mensch durch viele, viele Leben zu inkarnieren. Er trägt während all dieser Leben seine persönliche Aufgabe in die Entwicklung der Menschheit hinein: die Vertretung eines der zwölf Aspekte des Christuswesens.

Der vierte von ihnen ist bekannt als der «Gautama-Buddha», der seine letzte Inkarnation, mit der er seine Aufgabe erfüllt hatte, etwa um 600 vor Christus durchlebte. Während seines Lebens als Gautama-Buddha konnte er noch einmal alle seine Kräfte vereinigen, um seine Aufgabe auf der Erde zu vollbringen: das allumfassende Mitleid zu lehren und so das Kommen des Christus vorzubereiten.

Der nächste Bodhisattva, der kommen soll, wird von den indischen Weisen der «Maitreya Buddha» genannt. Er hat seine Aufgabe in der Zeit, in der sich die Bewusstseinsseele entwickelt. Rudolf Steiner bezeichnet ihn als den «Bringer des Guten durch das gesprochene Wort». Er wird einer der größten Führer der Menschheit in der Zeit der Bewusstseinsseele sein, ein Bringer des Guten, welches er durch die Kraft des gesprochenen Wortes in die Seelen überträgt. Rudolf Steiner spricht von ihm als demjenigen, der seine Worte des Guten in den Dienst des Christus stellen wird, wie Er in dem Ätherkleid der Erde wirkt. Es werden Worte gesprochen werden, die magisch moralische Impulse in die Menschenseelen einströmen. Er wird in die Seelen der Menschen moralische Willensimpulse tragen dadurch, dass er Worte des Guten spricht.

Seit 1500 haben wir alle aus einem Denken, das im Haupt lebte, gehandelt. Unsere Herzen waren zu häufig leer.

Die neue Aufgabe ist es, selber unsere Herzen mit Wärme für den Geist zu erfüllen. Wir müssen unsere Herzen erwärmen für die eigentliche Moralität, für das Tun des Guten, bis dass diese Wärme zum Haupt aufströmen kann. Weil das so ist, ist es unsere Aufgabe und unser Ziel, jene Worte des Trostes zu finden und zu sprechen, die wirklich geistiges Feuer entzünden können.

Wenn wir über Anthroposophie sprechen mit Worten, die aus dem Herzen kommen und durch die Häupter erleuchtet sind, dürfen wir in den helfenden Strahlen dessen stehen, der dem Christus dient durch das gesprochene Wort.

4. Dreierlei Prüfungen

Das Heilen eröffnet in unserer Bewusstseinsseelenzeit weite Horizonte. Die Heilung sowohl physischer als auch geistiger Gebrechen ist heute möglich geworden, und es ist eine wunderbare Aufgabe. Aber «Heilen» beinhaltet wesentlich mehr in der Bewusstseinsseelenepoche: Es bedeutet gleichermaßen Heilen im Bereich des Sozialen, der Wissenschaft, der Erziehung und der Kunst. Unsere Zeit müsste eigentlich eine Zeit der hygienischen Impulse sein. Wenn wir heute von einer spirituellen Grundlage aus auf irgendeinem Gebiet heilend tätig werden wollen, so müssen wir die Frage stellen: «Welches geistige Wesen steht hinter den guten hygienischen Impulsen der Gegenwart?» Statt darüber nun abstrakt zu sprechen, können wir besser fragen: «Wer ist das Wesen, das reale Wesen, das in und hinter menschlichem Tun mitwirkt?»

Um die Frage zu beantworten, welches geistige Wesen hinter dem Heilen steht, möchte ich etwas aus dem Alten Testament erzählen. Johannes der Evangelist schrieb die Apokalypse. Er offenbarte darin die Zukunft der Menschheit. Aber auch im *Alten Testament* (in den sogenannten *Apokryphen*) findet man eine «kleine Apokalypse», «Das Buch Tobias».

Rembrandt wurde von dieser Geschichte des Tobias sehr inspiriert. In vielen Zeichnungen, Gemälden und Radierungen befasste er sich immer wieder mit der Geschichte von Tobias mit dem Fisch. Sie ereignete sich in Babylon, als das jüdische Volk dort in Verbannung lebte unter König Nebukadnezar und dessen Sohn. Obschon die Geschichte sich in einer realen historischen Zeitspanne bewegt, ist sie doch weniger ein historisches Geschehen als eine Vorschau. Auf die Frage, für welche Zukunft sie geschrieben wurde, würde ich antworten:

für unsere heutige Zeit. Die Geschichte von Tobias ist die Geschichte der Menschheit inmitten der Probleme unserer Gegenwart.

In Babylon lebte der alte Tobias. Er wurde «Tobias, der Rechtschaffene» genannt, seinem Handeln gemäß. Er vollzog stets richtig die Riten, und folgte den Gesetzen gewissenhaft. Er war einer von denen, die für die Aufrechterhaltung der jüdischen Volksgesetze in solch einer Zeit der Verbannung verantwortlich waren.

Das war riskant. So begrub er zum Beispiel die Toten gemäß den jüdischen Vorschriften, obgleich das verboten war. Er setzte damit sein eigenes Leben aufs Spiel.

Einmal, nachdem er einen seiner Freunde auf diese Weise bestattet hatte – in der Nacht, denn am Tag hätte er fürchten müssen entdeckt zu werden –, hatte er sich am frühen Morgen ermüdet niedergesetzt und schaute zum Himmel auf. Er sprach ein Dankgebet. Da flog eine Schwalbe über ihn hinweg. Ihr warmer Auswurf fiel in seine Augen. Da erblindete er. Der alte Tobias, der Mann, der stets rechtschaffen lebte, wurde blind; aber er lehnte sich nicht dagegen auf.

Der alte Tobias lebte zusammen mit seiner Frau Anna, einem Hündchen und seinem Sohn, dem jungen Tobias. Die Familie hielt zusammen, aber der alte Tobias, der einst reich gewesen war und der vielen Freunden hatte helfen können, war nun blind. Er konnte nicht mehr arbeiten. So brauchten sie ihr Geld auf, und sie verarmten.

Eines Tages sagte er zu seinem Sohn, dem jungen Tobias: «Du musst zu meinem Freund Gabael reisen, der fern von hier, im Land der Meder, lebt.» Dies bedeutete, dass der Jüngling manche Wüsten zu durchqueren hatte und über den Fluss Tigris gelangen musste. «Du musst zu Gabael reisen, und von ihm das Silber zurückerbitten, das ich ihm einst geliehen habe, als er in Not war. Ich selbst brauche es jetzt.»

Die ganze Geschichte steckt voller Symbole. So hat zum Beispiel der alte Tobias einst dem Gabael Silber geliehen und möchte es nun gerne wiederhaben. Silber ist stets verknüpft mit dem Mond, das heißt, mit der alten Weisheit. Der alte Tobias hatte einst seine alte Weisheit weggegeben. Nun ist er blind. Er wünscht sich die alte Weisheit wieder.

Der alte Tobias sprach: «Du kannst diese Reise nicht allein unternehmen. Du musst einen Kameraden finden, der dann dein Begleiter sein soll. Geh, und schaue dich nach einem Reisekameraden um.»

Der junge Tobias ging auf den Markt und sah sich um. Dort auf dem Marktplatz begegnete er einem edlen jungen Mann, der ihn mit freundlichen, strahlenden Augen ansah. Sie wurden bald Freunde. Der junge Tobias fragte ihn, ob er sein Reisekamerad auf dem Weg in das Land der Meder sein wollte, wo der Freund seines Vaters, Gabael, lebte, und der neue Freund willigte ein.

Der junge Tobias nahm seinen Kameraden mit zu seinem Vater, und der sprach zu dem Fremden: «Wenn ich dich auch nicht sehen kann, so erweckt deine Stimme doch mein Vertrauen.» Dies weist auf Inspiration hin. Der alte Tobias konnte die äußere Welt nicht sehen, aber er konnte Vertrauen empfinden durch Inspiration. Den beiden wurden Geld und Geschenke mitgegeben für die Reise, und sie brachen auf. Auch das Hündchen war dabei.

«Auf die Reise gehen», das bedeutet: einen Weg der inneren Entwicklung gehen. Der junge Tobias hat sich «auf den Weg gemacht». Er hat sich auf den Weg der inneren Entwicklung begeben. Denn das war jener Weg; er war nicht nur eine äußerlich vollzogene Reise durch Wüsten und über einen Fluss. Schon gleich zu Anfang entpuppte sich der Reisebegleiter als ein Lehrer, obschon er ein einfacher junger Mann zu sein schien. Während der ganzen Wüstenreise war er dem jungen Tobias Freund und Lehrer zugleich. Sie langten am Flusse Tigris an. Es ging schon auf den Abend zu. Sein Freund und Führer wies Tobias an, in das Wasser zu steigen und einen Fisch zu fangen. Tobias stieg in das Wasser, und ein mächtiger Fisch kam heraufgeschwommen. Tobias geriet in große Furcht, und sein Begleiter, am Ufer, sagte: «Fürchte dich nicht. Ergreife den Fisch und ziehe ihn heraus!» Tobias gehorchte. Gemeinsam zogen sie den mächtigen Fisch vollends an Land und entnahmen ihm die Galle, die Leber und das Herz. Und sie legten die Galle in einen Korb, Leber und Herz in einen zweiten. Daraufhin sagte der Begleiter: «Nun hast du diese Prüfung bestanden! Du kannst jetzt weitergehen. Du wirst die Kraft haben, deinen Vater zu heilen und deiner Cousine Sarah zu helfen.»

Der junge Tobias war sehr erstaunt, dass er seiner Cousine Sarah sollte helfen können, denn er kannte ihre seltsame Geschichte. Jene Cousine, die Tochter des Bruders seines Vaters, lebte in einer anderen Stadt. Diese hatten sie auf ihrem Weg zu den Medern zu durchqueren. Als sie dort angekommen waren, gingen sie gleich zu diesem Onkel. Der sagte: «Obgleich ich dich nie zuvor gesehen habe, sehe ich, dass du der Sohn meines Bruders Tobias sein musst, denn du siehst ihm sehr ähnlich. – Und wer ist dein Freund?»

«Er ist mein Reisekamerad», antwortete Tobias. «So kommt herein, ihr beiden, und seid meine Gäste!», erwiderte der Onkel. Da sprach der Begleiter: «Wir werden nicht lediglich deine Gäste sein, sondern der junge Tobias ist von Gott ausersehen, der Gemahl deiner Tochter Sarah zu werden.» Durch diese Worte wurde der Onkel sehr erschreckt. Er sprach: «Oh lass von diesem Plan ab!»

Wie stand es nun um Sarah? Sie war ein sehr schönes, jedoch unglückseliges Mädchen. Wegen ihrer Schönheit hatten schon viele junge Männer sie heiraten wollen. Siebenmal schon war ein Bräutigam aufgetreten, doch jedes Mal, nachdem sie getraut waren, war es so, dass ein jeder in der Nacht, da er sie zu sich nehmen wollte, tot umsank. Sieben junge Männer hatte dies Los schon getroffen. Der Onkel sprach: «Die Schande meiner Familie soll nicht noch größer werden. Der junge Tobias darf nicht der Achte sein.» Aber Tobias blieb dabei. Er wurde Sarah vorgestellt, die ihn heftig bat, von ihr zu lassen, denn sie sei von einem Dämon namens Asmodäus besessen. Doch die Trauung fand statt. Anschließend gingen sie in das Hochzeitsgemach. Bevor Tobias sie aber berührte, kniete er nieder, nahm Leber und Herz des Fisches, wie ihn sein Begleiter geheißen hatte, legte sie in das Feuer, räucherte sie und verbrannte sie. Der Dämon verließ Sarah und floh in die Wüste. Sarah war befreit.

Inzwischen war der Reisekamerad in das Land der Meder gezogen und hatte das Silber mitgeholt. Die Heimreise konnte beginnen.

Mehr als ein Jahr war vergangen. Der alte Tobias war zum ersten Mal in seinem Leben so weit, dass er mit seinem Schicksal haderte, er war unzufrieden, und sprach: «Ich habe stets in allen Dingen recht gehandelt. Ich habe die Riten und Gebräuche immer genau eingehalten. Gott sandte mir Blindheit, und ich habe mich nicht dagegen aufgelehnt. Nun aber habe ich selbst meinen Sohn Tobias wegsenden müssen, und er kehrt nicht zurück. Gott hat mir meinen Sohn genommen!»

In diesem Augenblick, als er gerade so grollt, kommt das Hündchen hereingelaufen. Die Mutter eilt hinaus, und da sieht sie auch die übrigen herannahen. Sie ist erstaunt, eine junge Frau unter ihnen zu sehen.

Gleich nach dem Eintreten geht Tobias auf seinen Vater zu. Er hat noch eine zweite Aufgabe zu erfüllen – die Heilung seines Vaters. Er holt die Gallenflüssigkeit hervor und bestreicht damit die Augen seines Vaters. Da kann der alte Tobias wieder sehen, und er hebt an, Gott zu loben.

In diesem Augenblick offenbart sich der Reisebegleiter. Er steht vor ihnen, von Glanz umstrahlt, und spricht: «Ich bin der Erzengel Raphael, einer der sieben Engel, die um Gottes Thron stehen.» So offenbart sich Raphael als der im Heilenden wirksame Engel. – Als ihm alle danken wollen, verschwindet er vor ihren Augen. Sie fallen auf die Knie und senden Dankgebete zu Gott.

Wer ist Raphael? Im Mittelalter wurde er als Helfer der Kranken angesehen. In der Anschauung der Menschen des Mittelalters hatte Raphael mit den Kräften im Menschen zu tun, die aus den Tiefen kommen, Urkräften, die im Menschen wirken. Wir nennen sie die Kräfte des Verlangens, der Begierden – sie drängen aus den Tiefen herauf in unser bewusstes Leben. Die Kräfte des Dunklen aus den Tiefen der Erde und des Menschen heraufzuholen und sie in den heilenden Lichtkreis des Christus zu heben, das war das Wirken Raphaels.

Oft findet man ihn dargestellt mit dem Merkurstab in der Hand. In der vorchristlichen Zeit gehörten zwei Schlangen dazu, die sich an ihm heraufwanden – Symbole des Bösen und des Geistes. Raphael ist allerdings nicht mit zwei Schlangen, sondern mit zwei aufstrebenden Flammen dargestellt. Ein Stab, der zwei Flammen trägt. In der Flamme wird das Böse verbrannt und wiederum in einen Entwicklungsprozess aufgenommen. In mittelalterlichen Beschreibungen ist Raphael eines der vier «Antlitze Christi». Eines war der «Christus Triumphator». Er offenbart sich als Michael. Christus, der Richter – das war Uriel. «Christus Initiator» war Gabriel. Raphael war Christus, der Heiland. Die Menschen des Mittelalters wussten, wenn sie über Christus sprachen, dass es da diese verschiedenartigen Facetten gab, verschiedene Möglichkeiten, sich Ihm zu nähern. Eine davon, der Aspekt des Heilenden, war Raphael. Auch im 21. Jahrhundert, in der Kultur unserer Zeit, können wir uns an Raphael wenden, die heilende Macht, einer der sieben Engel, die um Gottes Thron stehen.

In der «Apokalypse» (Kap. 13) wird uns von dem Tier berichtet, das aus dem Meere kommt. Dies deutet auf jene Kräfte der Tiefe hin, die an die Oberfläche kommen und heute überall um uns herum sichtbar sind. Der Mensch ist über die Schwelle der bloß sichtbaren Welt geschritten. Obgleich er es nicht weiß, sieht er in die Kräfte hinein, die hinter der sichtbaren Welt spielen. Diese Kräfte kommen jetzt an die Oberfläche und äußern sich in dem, was sich heute abspielt. Der Mensch muss darauf vorbereitet sein, diesen Kräften zu begegnen, ohne von Schreck gepackt zu werden.

Das ist heute außerordentlich wichtig, zu lernen auf diese Kräfte hinzuschauen und doch nicht zu erschrecken. Denn heute steht die Aufgabe vor uns, verändernd in sie einzugreifen. Es ist die Aufgabe, sie wieder in Entwicklung zu bringen und sie in den richtigen Verlauf der Evolution einzugliedern. Welche Kräfte sind das?

Da sind zuerst einmal, aus den Tiefen des Menschenwesens aufsteigend, die Kräfte der Sexualität. Wohin wir auch schauen, überall sind sie anwesend, besonders in der westlichen Welt.

Kurz nach dem Krieg, etwa 1949, war ich einmal in Berlin. Wenn man die U-Bahn benutzte, und man keinen Stadtplan dabei hatte, wusste man nie recht, ob man im Ost- oder im Westsektor ausstieg. Eine Haltestelle lag im Westsektor, die nächste im Ostsektor, und die übernächste vielleicht dann wieder im Westsektor. Die U-Bahn verlief nicht der heutigen Grenzlinie entsprechend, sondern nach einer älteren Planung. Man musste also aufpassen, dass man nicht versehentlich in Ost-Berlin ausstieg.

Aber es war eigentlich ganz leicht zu erkennen, ob man im Osten oder im Westen war. Schaute man aus dem Fenster und entdeckte irgendeine Reklame mit einer halbnackten Frau, dann war man ziemlich sicher im Westsektor. Im Ostsektor sah man lediglich Abbildungen von brüllenden Männern.

In der Mitte der lemurischen Zeit trennte Luzifer die Geschlechter und schuf damit Mann und Frau. Ein Impuls trieb sie, einander zu suchen, um wieder vereinigt zu sein. War dies nur zum Schaden der Menschen? Nein – Luzifer war ein Helfer der Evolution, denn es ist die große Aufgabe unseres Planeten, sich aus dem alten Planeten der Weisheit in einen zukünftigen Planeten der Liebe zu entwickeln. Liebe ist das Ziel der ganzen Erde. In der «Schule der Liebe» musste der Mensch einmal die ersten Schritte lernen. Die geschlechtliche Liebe, die an sich luziferisch ist, ist ein erster Schritt in dieser Schule.

Der nächste Schritt ist die Liebe innerhalb einer Familie, Liebe zwischen Eltern und Kindern. Gabriel lehrte sie der Menschheit.

Der dritte Schritt bedeutet: Das Ich eines anderen Menschen zu lieben, den anderen Menschen als ein Ich anzuerkennen. Es ist ganz gleich, ob er ein Mann ist oder eine Frau. Er ist ein Ich. Dieser Schritt wird uns durch Michael gelehrt.

Der letzte Schritt ist die Liebe zur Menschheit. Sie wird uns durch Christus selbst gelehrt.

Die geschlechtliche Liebe, als unterste Stufe, entwickelt sich zu einer zweiten Stufe, der Liebe innerhalb einer Familie. Das hatten wir in der Zeit vor Christi Geburt zu lernen. Gegenwärtig haben wir die Liebe zum Ich eines anderen Menschen zu erlernen. In der Zukunft sollen wir die Liebe zur Menschheit lernen. Mit einem Erfassen der Liebe zur Menschheit müssen wir noch warten. Wenn wir einmal diese Liebe zur Menschheit errungen haben werden, wird Luzifer von seiner

Aufgabe befreit werden. Der Mensch wird dann Luzifer von dieser Aufgabe erlöst haben.

Luzifer schied Mann und Frau und senkte in den Astralleib die Triebkraft der geschlechtlichen Liebe. Luzifer leistet uns Widerstand. Unsere Kräfte können daran wachsen. Gegenwärtig bricht Sexuelles auf rohe Weise in unsere Kultur ein. Zur Zeit unserer Väter und Großväter war diese Kraft hinter den Gardinen verborgen. Jetzt tritt sie ganz öffentlich auf eine brutale und ungehemmte Weise auf. Wir müssen das aushalten können. Wir müssen lernen, mit diesen Dingen umzugehen, ohne in ihnen aufzugehen; lernen, hinzusehen und ruhig zu sagen: «Ja, das ist etwas, das existiert in der Welt. Es ist eine Lebenstatsache.» Das Ich darf aber nicht davon angegriffen werden. Wenn wir diesen Kräften gegenüberstehen, müssen wir einfach wissen, dass sie einmal in unseren Astralleib eingepflanzt worden sind. Sie sind dort mit gutem Recht, im Zusammenhang mit der ersten Stufe der Liebe. Auf der nächsten Stufe beginnen wir, die Familienliebe zu lernen, die ein wenig erhabener ist. Und wir können sogar versuchen, während unseres Lebens wirkliche Liebe zum Ich eines anderen Menschen aufzubringen. Das ist ein großer Fortschritt. Das ist alles, was bis jetzt möglich ist. Man kann eigentlich nur einen Vorklang dessen haben, was jene vierte Stufe der Liebe im zukünftigen Leben der Menschheit einmal sein wird. Beim Verwandeln, beim Entwickeln geschlechtlicher Liebeskräfte zu einer Liebe zur Menschheit, auf dieser Reise ist der Erzengel Raphael unser Begleiter.

Außerdem wartet noch eine zweite Art von Kräften in den Tiefen und steigt nun herauf. In der lemurischen Zeit wurden Mann und Frau getrennt. Im Beginn der atlantischen Zeit wurden Mensch und Welt voneinander geschieden. Ein Bild dafür ist die Austreibung des Menschen aus dem Paradies. Im paradiesischen Zustand war der Mensch eins mit der Welt, und die Welt war eins mit ihm. In der atlantischen Zeit trat eine Scheidung zwischen Mensch und Welt ein und damit zugleich für Ahriman die Gelegenheit, Irrtum und Täuschung ins Spiel zu bringen.

In der atlantischen und nachatlantischen Zeit nahm eine große Gruppe von Menschen eine besondere Aufgabe auf sich: Die Aufgabe, sich zu inkarnieren, um die Erde zu bearbeiten. Sie nannten sich die «Kainssöhne». Die Kainssöhne bearbeiteten die Oberfläche der Erde mit ihren Händen und schufen so eine von Menschen geschaffene Landschaft. Wenn man reisend auf der Erde herumkommt, kann man den Unterschied zwischen menschengeschaffenen Landschaften und unberührten Landschaften erkennen. In Europa zum Beispiel sind weite Gebiete von Menschen bearbeitet und umgeprägt. In den skandinavischen Ländern gibt es große Gebiete, die ganz unberührt sind von menschlichen Händen; sie sind wild, unbewohnt und halb dämonisch.

Die Kainssöhne waren die ersten, die Häuser bauten, die Baukunst hervorbrachten, die an der Erde arbeiteten mit dem Ziel, die Natur zu vermenschlichen, sie vorwärts so zu bringen und zu vervollkommnen, dass sie einmal im guten Sinne Menschenwerk würde.

Dieser Impuls geriet unter Einfluss ahrimanischer Täuschungen. Ahriman sprach: «Ihr müsst die Erde vollkommen machen. Deshalb dürft ihr nicht mit dem zufrieden sein, was euch die Erde von sich aus schenkt. Ihr müsst anfangen, eine neue, technisierte, ganz vom Menschen hervorgebrachte Welt zu schaffen.»

Und wir sind auf dem besten Wege, eine solche Welt hervorzubringen! Wenn Sie nach New York kommen, erblicken Sie eine Welt, die keine vermenschlichte Natur ist, sondern eine ganz und gar von Menschen erstellte Welt. Da ist nichts Natürliches mehr übriggelassen worden.

Welche Täuschung hat Ahriman in den Menschen gelegt? Die Lust an der Macht über die Erde, die Begierde nach Besitz. Macht und Besitz gehören zu jener zweiten Kraft, die aus den Tiefen des menschlichen Wesens aufsteigt. Ahriman versucht, diese Lust an Macht und Besitz in einer solchen Weise ins Spiel zu bringen, dass der Mensch eine künstliche, technische Welt erschaffen möchte, und nicht das, was die Hierarchien für die Evolution der Menschheit erstreben. Der Wille alles zu besitzen, dämonisiert den Menschen.

Nach dem letzten Weltkrieg, als Holland gerade ein Hungerjahr hinter sich hatte, konnte man bemerken, wie sich das abspielte. Das Erste, was wichtig war nach dem Krieg, war das Sattwerden: «Wir mussten hungern. Wir müssen etwas zu essen haben!» Bald füllten sich die Häuser mit Nahrungsmitteln. Irgendwann einmal waren die Menschen wieder satt. Da kam der nächste Schritt. Die Menschen wollten Kleidung. Es begann eine große Welle des Kleidungkaufens. Alles kaufte und kaufte, wenngleich mancher etwas schon zwei-, drei- oder fünfmal besaß. Er kaufte immer mehr, weil er ebenso gerne Kleider besitzen wollte. Aber wir können nicht mehr Besitztümer anhäufen, als wir in unseren Räumlichkeiten unterbringen können. Darum war es das nächste, sich Wohnungen zu beschaffen, sich mit Immobilien zu versorgen. Ein Stück Boden besitzen und ein eigenes Haus darauf! Dann – die Autos. In Europa sind die Straßen schon so überfüllt, dass es oft besser ist, zu Fuß zu gehen, denn man ist schneller am Ziel als mit dem eigenen Auto. Diese an uns zehrenden Kräfte steigen aus den Tiefen empor.

Ahriman wird nicht eher davon befreit werden, uns ständig Machtgelüste und Besitzgier einzuflößen, als bis wir ein selbstloses Verhältnis zur Welt erlangt haben. Geradeso wie wir die luziferischen sexuellen Kräfte schrittweise verwandeln sollen in die Liebe zum Ich eines anderen Menschen, werden wir ein entsprechend selbstloses Verhältnis auch zur Welt finden müssen. Die Rosenkreuzer des Mittelalters wussten dies gut. Sie hatten ein Leitwort: «Das Auge soll nicht begehren – das Auge soll lieben.» Vergegenwärtigen Sie sich einmal, was die moderne Werbung bewirkt. Man versucht in den Augen Wünsche hervorzurufen, zum Beispiel durch die Art der Verpackung. Was anderes als ein Wunschobjekt ist ein modisches Auto – doch nur in zweiter Linie ein Transportmittel!

Die in unserer Kultur wirksamen Kräfte wollen uns schonungslos in Wünsche hineintreiben: Anzeigen, Fernsehen, Radio, Illustrierte, Zeitungen, Plakate, Symbole aller Art – all das versucht uns Kauflust einzuflößen, Besitzwünsche. Es ist sehr schwer, etwas Schönes nicht zu begehren, sondern es nur seiner Schönheit wegen zu lieben.

Eine dritte Kraft aus den Tiefen ist die der Zerstörung. Wenn unser Leib lebendig ist, ist er ein Leib, der aufbaut. Er ist aber gleichermaßen ein Leib, der fortwährend zerstört, der abbaut. Er zerstört alte Zellen, um neue zu bilden. Unser Blut lebt nur drei oder vier Wochen. Dann haben wir es völlig erneuert. Das bedeutet, dass fortwährend Leben zerstört wird, damit neues Leben aufgebaut werden kann. Diese Zerstörungskräfte sind auch in unseren Verdauungsvorgängen wirksam. Wir nehmen Nahrung in uns auf und zerstören sie völlig. Wir spalten nicht nur Eiweißmoleküle, sondern zerlegen sie bis in ihre kleinsten Teile. Rudolf Steiner schildert, wie weit dieser Aufspaltungsvorgang geht: so weit, dass die Substanz wieder ins Chaos geführt wird. In unserem Verdauungssystem verschwindet Substanz. Und während sie beim Verdauungsprozess verschwindet, fließt ein Strom ätherischer Kräfte durch die Sinne in unser Inneres, durch

Augen und Ohren. Dieser Strom fließt in unseren Leib und wird dort zu neuer Substanz. Das ist das große Geheimnis unseres Verdauungssystems. Unser Leib wird nicht aus der Nahrung, die wir essen, aufgebaut. Es ist eigentlich eher so, dass wir Nahrung zu uns nehmen, um sie vernichten zu können.

Wenn diese Substanzen zerstört sind, entsteht ein Vakuum. In dieses Vakuum nun bringen wir, über unsere Sinne, neue ätherische Kräfte herein. Die Substanz unseres menschlichen Leibes ist neue Substanz, die es zuvor in der Welt nicht gegeben hat. Auf diese Weise erneuern, nach Rudolf Steiner, menschliche Wesen Materie – aber wir sind uns dessen nicht bewusst.

Hier setzen die Asuras an. Die Asuras lehren uns, wie man Atome zerstören kann. Über das Wissen, wie man Atome zerstört, lehren sie uns dann, wie wir die Welt zerstören können. Wir haben gelernt, bewusst zu zerstören. Wir haben nicht gelernt, bewusst neue, junge, lebendige Substanz zu schaffen, die in sich den schöpferischen Geist aufnehmen kann. Zugegeben – mit technischen Mitteln ordnen wir Atome und Moleküle so an, dass sich neue Moleküle ergeben. In der Zukunft werden wir sogar Moleküle herstellen können, die lebendige Materie zu sein scheinen. Aber in den Laboratorien, Fabriken oder Werkstätten können wir keine neue, junge, lebendige Substanz erschaffen, die schöpferischen Geist in sich aufnehmen kann.

Das werden wir in Zukunft lernen müssen. Währenddessen werden die Asuras mit den Kräften der Angst arbeiten, der Angst vor der totalen Vernichtung, der Angst vor dem schwarzen, leeren Nichts.

Als die Atombombe da war, brachte sie eine Explosion der Angst in die Welt. Heute, nachdem wir uns etwas mehr an die atomaren Kräfte gewöhnt haben, reden wir uns ein, dass die große Explosion nie eintreten wird. Die Atomkräfte sind gut und sicher aufgehoben, sagen wir. Sie sollen uns zur Annehmlichkeit dienen, nicht zur Zerstörung der Welt. Dennoch lauert tief im Menschen diese Angst. Im Gespräch mit vielen jungen Menschen in Europa entdeckt man heute eine Stimmung der Angst einerseits und der Hoffnungslosigkeit andererseits, wie ein dunkles Grundgefühl. «Was soll ich tun? – Warum sollte ich anfangen mich zu entwickeln? Nur eine einzige Atombombe, und mit einem Schlag ist ja alles aus!»

Genau das wollen die Asuras: dass wir Furcht empfinden. Die Asuras sind Geister, die gegen jegliche Entwicklung sind. Raphael dagegen ist der Geist der Reise unserer inneren Entwicklung. Sich «auf den Weg machen» – dabei hilft Raphael.

Luzifer möchte das Alte fortgesetzt sehen. Luzifer ist wirklich ein «Konservativer». Ahriman will das Alte seinen persönlichen, egoistischen Zielsetzungen dienstbar machen. Die Asuras wollen, dass das Alte, das Bestehende, vernichtet werde.

Die Asuras können wir nur bekämpfen und befreien, wenn wir fähig werden, eine Liebe zur Entwicklung *an sich* aufzubringen. Das ist das eigentliche Wesen Raphaels – die Liebe zur Entwicklung. Liebe zur Menschheit, Liebe zu der uns umgebenden Welt, zur Erde, zu unserem eigenen höheren Wesen, zur Kultur – Liebe zu dem, was in der Zukunft einmal wird entstehen können. Und in all dem: Liebe zur Entwicklung als solcher. Auch auf diesem Gebiet müssen wir in der «Schule der Liebe» noch manche Etappen zurücklegen. Es gibt gewisse Möglichkeiten, die Liebe zu lernen zu dem, was sich künftig einmal entwickeln will. Wenn man ein kleines Kind ansieht, kann man mehr als bloße Familienliebe lernen oder Liebe zu allem, was klein und zart ist. Man kann auf so ein kleines Kind blicken und sich sagen: «Aus diesem Kind kann sich vieles entwickeln. Ich weiß nicht, was es sein wird, aber ich liebe das, was da ist, was sich noch nicht entwickelt hat, sich aber in der Zukunft entwickeln wird.»

Es ist eines der größten Geschenke der Götter, wenn sie es einem gewähren, Großvater zu sein. Bei den eigenen Kindern hat man es mit der Familienliebe zu tun, und man ist ein wenig blind. Zu den Enkelkindern hat man schon einen größeren Abstand. Man sieht vieles besser. Da kann man versuchen, ihre Entwicklung lieben zu lernen.

In diesem Sinn für Entwicklung liegt die wahre Erneuerung der Schule, die Erneuerung des Erziehens. Das sollte der Geist der Waldorfpädagogik sein: Liebe zu dem, was sich in der Zukunft entwickeln will. Das bedeutet, jungen Menschen dabei zu helfen, ihre Kräfte in ihrer eigenen Weise zu entwickeln – und nicht nach unserem Gutdünken.

Es ist nicht unsere Aufgabe, einem anderen Menschen bei seiner Entwicklung stets *unsere* Vorstellungen aufzuzwingen. Wir sollten uns da zurückhalten, und nur dasjenige lieben, was sich in die Zukunft hinein entwickelt. Das ist einmal ein erster Schritt auf dem Weg der Liebe zur Entwicklung als solcher.

Das Gleiche gilt für Menschen, die intensiv mit den Pflanzen mitleben, in der Landwirtschaft. Betrachten Sie einen echten Bauern, der einen Gang über seine Felder macht, wie er sie anschaut und die ersten Keime sprießen sieht. Er hat eine Empfindung, vielleicht sogar Liebe für das, was da kommen will. So könnte es auch in Kunst und Wissenschaft sein – wir können nicht nur das lieben lernen, was da ist, sondern was im Werden begriffen ist.

Wenn wir versuchen, ein Bild des Menschen der Gegenwart zu zeichnen, dann können wir sagen: Hier steht er. Über ihm, da ist Michael, der große Geist der Sonne; er bringt spirituelles Denken, er gibt den Menschen die Kräfte zum

Handeln aus spirituellem Denken heraus. Unter ihm, etwas im Hintergrund, steht Raphael, der Geist des Merkur, und verwandelt geschlechtliche Liebe in Liebe zur Menschheit; den Drang zur Macht und nach Besitz in Liebe zur Welt; den Zerstörungswillen in eine Liebe zur Entwicklung.

Von einer Seite her gesehen sind das die drei Prüfungen des modernen Menschen. Von der anderen Seite aus rufen diese drei Prüfungen die heilenden Wirkungskräfte des Raphael herbei.

Wenn der Mensch steht zwischen Michael, der ihm spirituelles Denken und rechte Tatkraft verleiht, und Raphael, der ihm die Liebe zur Entwicklung schenkt – dann kann die Menschheit auf ihrem Weg in die Zukunft dem Christus begegnen.

5. Die neue Moral

Die irdische Kreuzigung des Christus auf Golgatha war eine reale Tatsache. Diese Kreuzigung brachte der sterbenden Erde Erneuerung. Die Natur empfing wieder ein Mehr an Lebenskräften. Auch die Menschheit empfing neue Kräfte in ihrer physischen Beschaffenheit. Das Christentum seit Golgatha ist die Geschichte eines ersten, tastenden Bemühens der Menschheit, sich der Herrlichkeit Christi gewahr zu werden. Es ist nur ein erster Versuch.

Rudolf Steiner beschreibt uns, wie der Christus, in Seiner geistigen Daseinsform, nochmals gekreuzigt wurde durch den Materialismus des 19. Jahrhunderts. Diese Kreuzigung war keine physische, sondern eine Kreuzigung, die in der Ätherwelt stattfand, in der Welt des menschlichen Denkens. Aus der ätherischen Kreuzigung entsprang eine ätherische Auferstehung. Mit dem Jahr 1933, dem Ende des ersten Drittels des 20. Jahrhunderts, ist Christus in die Ätherwelt eingetreten – die ätherische Welt, in der der Mensch mit seinem Denken, mit der Imagination, mit dem Vorstellen lebt. Wenn die Menschheit heute den Christus sucht und eine wirkliche Begegnung mit Ihm als Geistwesen haben möchte, muss sie Ihn in dieser Ätherwelt suchen.

Friedrich Schiller schilderte uns vor einhundertfünfzig Jahren in seinen «Briefen» *Über die ästhetische Erziehung des Menschen*, wie der Mensch zwischen den Kräften der Form und den Kräften des Stoffes lebt. Zwischen diesen lebt, was er das Reich des «Spieltriebes» nennt. Der wahre Künstler ist der, welcher im höchsten Sinne zu *spielen* versteht, geradeso wie ein Kind spielt. Er gibt dem Stoff ein höheres Sein dadurch, dass er mit ihm «spielt». Der echte Künstler lebt, indem er aus diesem Spieltrieb heraus schafft, zwischen Form und Stoff. Mittels der Form verleiht er den Gesetzen der geistigen Welt Ausdruck; im Stoff bringt er zum Ausdruck, wie der Stoff selbst verwendet werden will. Aus Marmor kann er etwas schaffen, was mehr ist als Marmor – es wird eine Idee in Marmor. Ideen, die im Stoff sichtbar werden, wenn ihn der Künstler bearbeitet, treten aus der Welt des Spielens hervor – des Spiels mit der Wirklichkeit.

Nach Schiller ist der größte Künstler der Staats- und Erziehungskünstler, der mit dem Sozialen zu tun hat. Das ist derjenige, der am kostbarsten Material arbeitet: dem Menschen. Mit einer Kunst der Erziehung, mit der Kunst des Gemeinschaftslebens leben wir in einer Welt der «Kräfte der Mitte». Sie ist eine Welt rhythmischer Vorgänge, die ebenfalls mit dem Stofflichen einerseits zusammenhängt wie andererseits mit geistigen Gesetzen bzw. Formen. Wenn wir in der Wirklichkeit dieses Mittelgebietes leben, sind wir in derselben Welt, in der die Auferstehung des ätherischen Christus Wirklichkeit ist.

In Vorträgen aus den Jahren 1911 und 1912 führte Rudolf Steiner aus, dass etwa ab 1933 ein Wiedererscheinen des Christus, ein neuartiges Wirksamwerden innerhalb der ätherischen Welt, jener Region der Mitte, begänne. In einem solchen Vortrag stellt er, wie wir schon kurz aufzeigten, drei Bedingungen dar, die der Mensch zu erfüllen hat, um in diese Welt eintreten zu können, in welcher der ätherische Christus lebendig wirksam ist.

So lautet die erste Bedingung: Wir müssen eine Empfindung entwickeln können dafür, wie wertlos unsere gewöhnliche, äußere Daseinsweise im Grunde ist. Wir sagen alle natürlich: nun, die haben wir doch eigentlich. – Haben wir sie denn wirklich? Haben wir denn wirklich eine tiefe Grundempfindung der Wertlosigkeit unserer äußeren menschlichen Existenz? Oder klammern wir uns eigentlich nicht sehr stark an sie? Viel mehr als wir denken vielleicht?

Die zweite Bedingung ist, zu fühlen, wie unbefriedigend die materialistischen Erklärungen unserer Rätselfragen, wie sie in unserer heutigen Kultur stets gegeben werden, für uns eigentlich sind; Worte, die «Steine statt Brot» sind. Vielleicht sind wir ja durchaus ein wenig unbefriedigt davon. Doch schon beim tagtäglichen Zeitunglesen sind wir in einer Welt, wo die Menschen hochbefriedigt mit diesen materialistischen Welterklärungen leben.

Die dritte Bedingung besteht darin, eine innere Diskrepanz – man kann auch sagen, eine Kluft – zu empfinden, zwischen dem, was ich tun kann und dem, was ich eigentlich tun soll. Das Gefühl ist etwa so, als ob ich hier auf der Erde ein Zwerg bin, demgegenüber mein geistiges Wesen, mein kosmisches Wesen, unermesslich mächtig ist.

Aus diesem Erlebnis heraus kommen wir zum inneren Fragen – einem Fragen, das nicht nur einen Nachmittag anhält, sondern mit dem wir jahrelang leben müssen – nach unserer Unzulänglichkeit und unserer Doppelnatur. Es klafft ein Abgrund zwischen dem, was wir hier auf Erden darstellen und dem, was zu tun unser höheres Ich uns auffordert. Aus dieser tiefen Erfahrung der Mangelhaftigkeit wird, so Rudolf Steiner, die neue Moral unseres Zeitalters hervorgehen. Die neue Moral ist eine Moral des umfassenden Mitleidens mit allem in der Welt, was leidet.

Niemand, sagt Rudolf Steiner, der Erkenntnisse über geistige Wirklichkeiten in der Welt hat, dürfte nachts schlafen können, solange es noch Leiden in dieser Welt gibt. Hoffentlich schlafen wir alle des Nachts ein wenig – aber dürften wir das eigentlich? Wenn wir wirklich eine Begegnung mit dem ätherischen Christus suchen, werden wir durch dieselben Martern gehen, die Er erduldet hat – die Kreuzigung durch das materialistische Denken, das seit dem 19. Jahrhundert herrscht.

Wenn wir uns darauf vorbereiten, dem ätherischen Christus zu begegnen, wenn unser Karma eine solche Entwicklung genommen hat, dass wir imstande sind, diese Begegnung zu haben, dann werden wir durch diese drei Prüfungen gehen müssen. Es sind Prüfungen, die unsere ganze Existenz berühren. Sie treten aus der modernen Existenzerfahrung in unser Dasein. Sie können nicht umgangen werden. Wenn die Menschen durch diese Existenzprüfungen gehen, sagt Rudolf Steiner, wird Christus zu uns aus den «grauen Geistestiefen» heraus sprechen. Aus den grauen Tiefen des Menschengeistes wird er Worte des Trostes sprechen. Aber er wird solche Worte des Trostes nur zu jenen sprechen, die wirklich innere Daseinsnot, Schmerz erleiden am Leid der Welt.

Wir wünschen uns alles angenehm und leicht. Wir wünschen uns Sicherheit. Der aber, der auf die Wirklichkeit der Welt stoßen will – und die Wirklichkeit der Welt ist nichts anderes als das Auferstehen des Christus in der Ätherwelt –, der wird mit Unbequemlichkeit und Unsicherheit leben lernen müssen. Das ist unser Los, gerade im Hinblick auf das Gemeinschaftsleben. Rudolf Steiner sagt: Die Begegnung mit Christus wird nur möglich sein an den Grenzen des gerade noch Tragbaren, in der erschütterten Seele. Dann wird Er Trost spenden dadurch, dass Er uns die Augen öffnet für die Gesetze der Entwicklung, der Evolution. Der tiefe Trost, den uns Christus spenden wird, ist die Erkenntnis der Gesetze der Evolution.

Dies kann zum Fundament einer Arbeit im sozialen Bereich werden. Wer Sozialarbeit tun will, wer erziehend tätig sein will, derjenige, der mit Randgruppen, schwer erziehbaren oder kriminellen Persönlichkeiten arbeiten will, wer mit der medizinischen und sozialen Rehabilitation zu tun hat – nach

Krankheiten oder am Arbeitsplatz – jedem kann diese durch Christus geschenkte Erkenntnis zum Fundament seiner Arbeit werden. Auf sozialem Gebiet können wir nur arbeiten, wenn wir hochmütiges Sendungsbewusstsein und Arroganz hinter uns lassen. Wir müssen es uns abgewöhnen, von oben herab mit den Menschen zu sprechen. Wenn wir uns ehrlich betrachten, sehen wir, wie häufig wir das tun. Wir wissen immer die richtigen Antworten. Aber es sind eigentlich gar nicht unsere persönlichen Antworten; sie sind uns durch Rudolf Steiner ermöglicht. Durch solche Antworten sprechen wir oft von oben herab zu den Menschen. Anthroposophen, und ich beziehe das jetzt auch auf mich selbst, sollten sich um Bescheidenheit bemühen, wenn sie mit anderen Menschen über soziale Fragen sprechen. Haben wir da wirklich beispielhaft gewirkt? Wir kennen uns meistens gut aus und wissen, was richtig ist, wir handeln aber sektiererisch, wenn wir unsere Erkenntnisse nur als Wissen präsentieren.

Dr. Zeylmans hielt einmal in Holland einen Vortrag. Er sprach über die Anthroposophie und sagte, dass man nicht sektiererisch mit ihr umgehen sollte. Eine Dame fragte: «Dr. Zeylmans, was, bitte, ist ein Sektierer?» Er antwortete: «Ein Sektierer ist jemand, der Antworten gibt auf Fragen, die nicht gestellt worden sind.» Die Arbeit im sozialen Bereich bringt viele Fallstricke mit sich. Man ist ständig versucht, vorgefertigte Antworten zu geben. Aber packen Sie diese Antworten nicht aus! Sie sind unbefriedigend.

Sucht man Situationen, wo man in Gemeinschaft mit anderen Menschen arbeiten will, ist es besser, mit einer Empfindung wie dieser daranzugehen: Ich werde die Fragen, die hier auf mich zukommen im Grunde nicht beantworten können. Andererseits sollte man so offen sein, gemeinsam mit den anderen Menschen nach diesen Antworten zu suchen. Das bedeutet, dass wir in die Welt eines anderen

Menschen eintreten und sein Suchen nach einer Antwort mit ihm teilen müssen. Eine wirklich soziale Haltung im Leben, echte soziale Hilfeleistung bedeutet: dem anderen helfen, den nächsten Schritt in seiner persönlichen Entwicklung zu tun.

Wenn mich zum Beispiel jemand fragt: «Was ist die Bewusstseinsseele?», kann ich durchaus ein guter Kenner der Anthroposophie sein und die richtigen anthroposophischen Antworten vorlegen. Leben in der Bewusstseinsseele jedoch, heißt den Mut haben, Zweifel, Misstrauen, Hass und Furcht zu begegnen. Da heißt es, sich wachsam seinen Zweifeln zu stellen – Zweifeln an dem, was ich weiß, was ich bin, was ich tue.

Es bedeutet außerdem: fähig werden, es mit dem Hass gegen den Geist aufzunehmen, der in der Welt lebt. Das begegnet einem als Arzt, wenn man mit Beamten verhandelt, die neuartige Heilmittel genehmigen sollen. Eine Wolke von Hass lebt in dem Raum, während diese Fragen besprochen werden. Damit müssen wir uns auseinandersetzen. Es ist eine Realität der Bewusstseinsseelenzeit.

Da haben wir Risiken auf uns zu nehmen, denn es ist einfach eine riskante Sache, etwas aus einem geistigen Impuls heraus zu unternehmen. Man weiß nie, wie es ausgeht. Es führt schließlich dazu, dem Bösen selbst zu begegnen.

Wir können von den heutigen Wissenschaftlern lernen. Die moderne Wissenschaft – d.h. zumindest ihre erstrangigen Vertreter – kennt konstruktive Zweifel an der Realität ihrer Modellvorstellungen und Hypothesen. Unermüdlich überprüft ein solcher Wissenschaftler seine Hypothesen, und er weiß, dass sie stets nur Hypothesen sind, die in ihrem Wert vom jeweiligen Stand der gewonnenen Beobachtungen bestimmt sind. Wenn auch diese Arbeitshypothesen selbst materialistische sind – für den Wissenschaftler ist der Zweifel ein Weg innerer Entwicklung. Von der modernen Wissenschaft können wir lernen, mit Unsicherheiten und Zweifeln zu leben.

Auch das heutige Berufsleben schult uns; wir lernen Wege kennen, die zur Zusammenarbeit führen. Gleichviel, was wir gerade als Arbeit ausüben – ständig müssen wir mit allen möglichen Menschen zusammenarbeiten. Auch das ist ein innerer Entwicklungsweg, den uns das heutige Leben lehrt. Junge Leute, die die Anthroposophie gerade kennenlernen, sollten ein paar Jahre im modernen Berufsleben stehen, um einmal zu lernen, mit ganz verschiedenen Menschen arbeitend zusammenzuleben.

Denken Sie einmal an die leitenden Persönlichkeiten in der modernen Industrie. Sie müssen Risiken auf sich nehmen. Sie müssen mutige Entschlusskraft entwickeln. Sie müssen lernen, mit der Unsicherheit zu leben. Ungeheure Verantwortung liegt auf ihnen. Wenn wir Leiter großer Unternehmen anschauen, Menschen um die Vierzig, können wir uns fragen: Woher nehmen sie diesen Mut, diese innere Sicherheit im Leben bei ihren Risiken? Aus welchen Kräften leben sie? Es ist eine tiefe Frage, aber ich darf vielleicht doch einmal andeutend den Gedanken vor Ihnen aussprechen, dass sie diese Kräfte aus Initiationen mitbringen, die sie in früheren Kulturen erlebt haben. Die alten Eingeweihten – sie sind in der Industrie zu finden. Die Einweihung ist in ihren Willensbereich hinuntergesunken. Aus der Weisheit, die jetzt in ihrem Willen lebt, aus der Kraft, die aus diesem Willensleben kommt, können sie die Unsicherheit und die hohen Risiken unseres modernen Berufslebens tragen. Was so in ihren Willen lebt, gelangt allerdings nicht bis in die Köpfe hinauf.

Ihnen helfen bedeutet, das, was in ihren Willenskräften bereits lebt, hinauf in die Köpfe zu heben, sodass es bewusst werden kann. Es ist nicht an uns, ihnen etwas Neues beizubringen. Sie sind bereits Wissende. Aber sie sind wissend in ihren Willenskräften. Wir müssen nur ihren Willen zur Bewusstheit erwecken. Dabei können wir ihnen helfen.

Wir können also auf sozialem Feld Wege zur Ausbildung echter Bewusstseinsseelen-Begriffe zu entwickeln versuchen, aber das gelingt nicht mithilfe unserer stereotypen anthroposophischen Antworten. Nur eine Antwort, die aus der Wirklichkeit der Situation selbst kommt, zählt.

Das erfordert also, dass wir uns tief in den anderen Menschen einleben. Da ist es unfair, Rudolf Steiner oder andere zu zitieren, wenn der andere sie nicht kennt. Wir nehmen ihm so etwas von seiner Freiheit weg.

Unsere eigentliche Aufgabe ist es, an den sozialen Fragen brauchbare, vernünftige Begriffe zu bilden, die der jeweiligen Situation gerecht werden und die nicht unseren Vorlieben und Vorkenntnissen folgen müssen.

Am Anfang der Zwanzigerjahre saß Rudolf Steiner einmal mit Freunden zusammen, die in der Zeit für die Dreigliederungsbewegung mitverantwortlich waren. Damals (etwa 1921) schien es denkbar, dass sich die Dreigliederungsbestrebungen in Württemberg bald durchsetzen könnten. Er sagte da etwa Folgendes (Herbert Hahn hat mir dies mitgeteilt): «Sie glauben doch nicht etwa, liebe Freunde, dass, wenn die Dreigliederung in Württemberg tatsächlich durchkommt, dann jeder Bürgermeister und jeder Minister Anthroposoph sein müsste?» – Alle hatten das durchaus vorausgesetzt …

Wir haben die Aufgabe, vernünftige Begriffe für das Soziale zu erarbeiten. Die werden ihre karmischen Wege dann schon finden und sich entsprechend weiterentwickeln. Unsere Aufgabe ist es, diese Ideen einmal hervorzubringen, um sie dann freizugeben, dem Leben auszusetzen. Das ist notwendig, wenn man ein Leben mit der Freiheit des anderen ernst nimmt. Wer im gesellschaftlichen Bereich im Sinne der Anthroposophie leben will, muss in einem derartigen Spannungsfeld leben können. Es gibt die Welt der Ideen. Wir lernen sie kennen, wenn wir uns die Anthroposophie erarbeiten. Wir stehen andererseits in der Welt der realen sozialen Tatsachen. Das große Problem ist, wie sich diese beiden begegnen können. «Der Osten bleibt der Osten, und der Westen bleibt der Westen, und nimmer werden sie sich begegnen» («East is East, and West is West, and never the twain shall meet», dichtete Rudyard Kipling) – geradeso sind Ideen Ideen und soziale Realitäten einfach soziale Realitäten, und sie werden einander wohl nie eigentlich begegnen. Aber ein mittleres Feld zwischen ihnen ist das der vernünftigen sozialen Ideen. Menschen, die in der Welt der realen sozialen Tatsachen leben, leben in einer Spannung zwischen der Realität, in der sie dadurch stehen, und den Begriffen vom Sozialen, um deren Bildung sie sich bemühen. – Wir, als Anthroposophen, leben in einer doppelseitigen Spannung zwischen den erhabenen und ewigen Ideen einerseits, und des Überführens dieser Ideen, die Ewigkeit in sich tragen, in vernünftige, praktische und soziale Ideen, die wir in die Welt hineintragen können. Solche Konzeptionen können wir nur entwickeln, wenn wir die soziale Wirklichkeit gründlich kennen. All das gehört zu dem mittleren Bereich zwischen Stoff und Form, von dem Schiller sprach.

Etwa viermal im Jahr leite ich (1965) einen Kurs in Unternehmensführung für Spitzenkräfte. Teilnehmer sind zwölf bis fünfzehn Topmanager von großen Firmen. Sie kommen für eine Woche zusammen. Das ist keine ganz leichte Woche. Ich treffe da mit wackeligen Knien ein und frage mich: Wer bist du eigentlich, dass du mit diesen Spitzenleuten hier arbeitest? Hinter jedem stehen Massen von Menschen, jeder hat ungeheure Verantwortung, ungeheures Kapital … Ich weiß, wenn ich den Fehler begehe, nur über schöne Ideen zu sprechen, verfehle ich hier meine Aufgabe, denn diese Menschen können solche Ideen nicht mit der sozialen Realität verbinden, in der sie stehen. Über Saturn-, Sonnen- und Mondentwicklung könnte ich sprechen und über unsere Zukunft, die Dreigliederung des sozialen Organismus – über die Welt, wie sie eigentlich sein müsste; das würde ihnen gar nichts helfen.

Wir müssen eine «Zwischenwelt» schaffen. Wir müssen mit unseren Ideen etwas heruntersteigen, sodass sie aus der sozialen Realität heraus ergriffen werden können. Dann können sie sagen: «Wir sprechen hier mit jemandem, der sich einerseits in unseren sozialen Gegebenheiten auskennt, der uns aber auch mit sozialen Begriffen vertraut macht, die uns beim Lösen unserer Probleme helfen.»

Wie sehen solche brauchbaren sozialen Begriffe aus? Erinnern Sie sich: Wir können diesen Leuten nur helfen, wenn wir bei dem, was wir sagen, aus den «Kräften der Mitte» schöpfen. Da ist die Welt der Rhythmen, die Welt der fortwährenden Entwicklung. – Was zuallererst geklärt werden muss, ist der Unterschied zwischen Wachstum und Entwicklung. Sie schlagen sich mit Wachstumsproblemen herum. Ihre Firmen werden ständig größer. Das zeigen sie einem an den Kurven, die an der Wand beim Schreibtisch hängen. Bei einer leitenden Persönlichkeit hängt so etwas immer in Reichweite. «Das ist das Wachstum meiner Firma während der letzten zehn Jahre», sagen sie.

Was ist dieses Wachstum nun? Ist es eine Realität oder nicht? Jawohl, es ist eine Art von Realität; es ist die Realität der quantitativen Seite der Welt. Ein Manager sagt: «Dies ist das Wachstum der Investitionen; da ist das Wachstum der Angestelltenzahl; hier das Produktionswachstum.» Das Wachstum stellt sich wie etwas stetig Fortlaufendes dar.

Eine andere Seite der Realität ist die Entwicklung. Entwicklung ist nichts Kontinuierliches. Entwicklung verläuft diskontinuierlich.

Es gab da eine typische «Pionierfirma»: Der Begründer saß an der Spitze, und die ganze Organisation ging von ihm aus. Es trat der Moment ein, da wurde die Firma so groß, dass er nicht mehr alles selbst regeln und in den Händen halten konnte. Er musste die Arbeit aufgliedern und delegieren. Er konnte nicht mehr der alleinige Chef sein. Er musste zwei andere in die Führung mithereinnehmen, einen für die Finanzen und den Vertrieb, den anderen für die Produktion. Er selbst behielt die Neuentwicklung, die Forschung. Differenzierung ruft immer eine Veränderung im inneren Duktus der Arbeit herauf. Es kommt häufig zu einer großen Krise, wenn ein «Pionierbetrieb» zu dieser zweiten Phase der Organisation übergehen muss. Ist das in der richtigen Weise vollzogen, kann das Wachstum wieder einsetzen. Geschieht es in der falschen Weise, dann geht das Unternehmen in Konkurs oder muss nach ein paar Jahren verkauft werden.

Eine sich schon in der zweiten Phase befindende Firma arbeitet sehr erfolgreich. Auch da kommt irgendwann eine Grenze der Möglichkeiten. Das Unternehmen ist größer geworden und hat über tausend Angestellte. Sie werden alle von einem zentralen Stab von Direktoren gelenkt. Sie sitzen alle in besonderen Abteilungen mit besonderen Aufgaben. Es gibt beratende Gremien, Linienfunktionen usw., doch die Kommunikation wird immer schwieriger. Wenn da nicht etwas geschieht, wenn nicht eine neue Organisationsstruktur gefunden wird, geht die Sache nicht mehr weiter. Das ist das Problem der meisten größeren Unternehmen. Sie haben eine sogenannte «wissenschaftliche Betriebsführung mit Differenzierung». Sie müssen dann aber zu einem Mithereinnehmen der jeweiligen menschlichen Möglichkeiten und Zielvorstellungen gelangen, sodass sich einerseits die im Unternehmen tätigen Menschen entwickeln können, während andererseits die Ziele des Unternehmens zu erreichen sind. Das schafft ein neues Aufgabenfeld in der heutigen Zeit: die Vereinigung der menschlichen mit der technischen Komponente.

Dies erfordert dann ein ganz neues Konzept der Organisation, der Zusammenarbeit der Betriebsführung. Es taucht vielleicht die Frage auf: Bis zu welcher Größe arbeitet eine Gruppe noch effektiv? Häufig wird eine Firma mit fünftausend Mitarbeitern in einzelne Einheiten unterteilt; jede Abteilung führt ihr eigenes Leben, hat eine eigene Verwaltung, eigene Aufgaben und Zielsetzungen. Es werden ihnen individuelle Aufgaben gestellt.

Jetzt können wir Folgendes sagen: Besagte Kurve zeigt den Verlauf des Wachstums. Nun ist es an der Zeit, sie einmal anders anzuschauen. Dort sind die Vorgänge während der «Pionierzeit». Hier kündigt sich ein anderer Abschnitt an, in dem – zehn, fünfzehn Jahre lang vielleicht – eine wissenschaftliche Betriebsführung vorteilhaft ist. Dieser Entwicklungsvorgang ist etwas ganz anderes als Wachstum. Wachstum verläuft in Kontinuität. Es ist etwas rein Quantitatives. Wenn wir über Entwicklung sprechen, dann treten qualitative Gesichtspunkte auf. Da müssen wir auf die Qualität hinschauen – auf die Qualität der Organisation, der Führung, der Produktion, des Personals etc.

Nach dieser Einführung brauchen die teilnehmenden Führungskräfte Zeit, um unter sich über alles ausgiebig zu diskutieren. Sie müssen das Licht, das solche praxisgerechte soziale Begriffe liefern, mit ihren individuellen sozialen Realitäten verbinden. Sie müssen sich fragen: Wo stehen wir? Sind wir am Ende unserer Pionierphase angelangt? Ein Prozess der Klärung setzt ein.

Aber was spielt sich denn da eigentlich ab? Die Gesetze der

Evolution, die Gesetze der lebendigen Rhythmen, die Gesetze der «Mitte» beginnen die Realtatsachen des sozialen Lebens zu durchdringen.

Die Gesetze der menschlichen Biografie kommen gleichfalls ins Spiel. Wir können den menschlichen Lebenslauf grafisch skizzieren. Wir können die ersten einundzwanzig Jahre herausgreifen und einen Überschuss der Lebenskräfte aufzeigen. Dann folgen einundzwanzig Jahre, in welchen sich Aufbau und Verfall der physischen Kräfte die Waage halten. Nach dem vierzigsten Jahr beginnt für uns alle die absteigende Phase, ob wir das wahrhaben wollen oder nicht. Wir bemerken zum Beispiel, dass wir eine Lesebrille brauchen. Der Leib fängt langsam an, steifer zu werden. Das ist in Bezug auf die Physis eine Realität. Wir müssen alle einen Weg finden, mit dieser Realität zu leben.

Dann geht man weiter und fragt: verläuft die psychische Entwicklung genauso? – Schauen wir auf die Kurve: Sie steigt erst einmal an, dann kommt ein Punkt mit etwa zweiundvierzig Jahren, da haben wir einen gewissen Freiheitsspielraum; wir können über den Abstieg entscheiden. Leben wir weiter aus unseren physischen Kräften, oder gelingt es uns, ein neues Niveau unserer seelischen und geistigen Aktivität zu finden? Wenn wir uns und unser Selbstgefühl, ja Selbstsicherheitsgefühl mit unseren physischen Möglichkeiten identifizieren, an physischen Tatsachen orientieren, dann wird das Nachlassen unserer Produktivität Hand in Hand gehen mit dem physischen Abstieg. Gelingt es uns, unser Selbstgefühl von den physischen Möglichkeiten abzulösen und handeln wir aus unserem Ich, dann werden wir frei, und wir werden bemerken, dass wir am Ende unserer Vierziger und in den Fünfzigern zu einem neuen Niveau der geistig-seelischen Möglichkeiten gelangen, das ein völlig anderes ist als das zwischen einundzwanzig und zweiundvierzig.

Es ist außerdem wichtig, über spezielle Gebiete zu sprechen, zum Beispiel über Absatz und Vertrieb der Produkte, über Marketing, und aufzuzeigen, dass es auch dabei diese verschiedenen Ebenen der Möglichkeit gibt. Es gibt das typische Bild der Pionierphase; da hat man es mit Kunden zu tun, die man persönlich kennt. Man hat sein Gespür für die Leute, die die Produkte benutzen, und man kennt sie persönlich.

In der zweiten Phase geht dieser Kontakt verloren. Es werden einfach zu viele Menschen. Bei einem größeren Markt sind die Verbraucher unbekannt, was notwendigerweise zur Marktforschung führt. Das verursacht einen unbefriedigenden Zustand – aber gibt es denn eine andere Möglichkeit?

Hier tritt ein neues Konzept des Marketings auf. Es geht aus von der Idee des Zusammenwirkens von Produzent und Konsument. Will man die Bedürfnisse des Konsumenten wirklich erkennen, so erfordert das ein Gespräch mit ihm. Es wird dann nicht mehr den Preiswettbewerb geben, sondern einen Dienstleistungswettbewerb. Das bedeutet: Man bemüht sich, die Bedürfnisse des Käufers herauszufinden und hilft ihm bei der Lösung seiner Probleme – und nicht andersherum! Also: Wie kann ich als Produzent dazu beitragen, die Probleme des Verbrauchers zu lösen? Das heißt so viel wie: Ich muss die andere Partei aufsuchen und Antworten auf deren Fragen suchen – und nicht auf meine eigenen Fragen. Da erst fängt die Brüderlichkeit im assoziativen Leben an.

Solcher Natur sind die Probleme, mit denen wir es bei unseren Tagungen mit den niederländischen Unternehmerverbänden zu tun haben. Hinterher sagen manche Teilnehmer: «Als wir kamen, dachten wir, uns würden neuartige Tricks, Methoden und Techniken vermittelt. Wir haben etwas ganz anderes bekommen. Wir bekamen kein einziges neues Erfolgsrezept, wir bekamen keine neuen Techniken beigebracht, aber wir kamen zu ganz neuen Horizonten. Wir denken jetzt in ganz anderer Weise über unsere Arbeit.»

So ein Echo kann bedeuten, dass wir Menschen bei ihrer Entwicklung haben helfen können. Es ist ihnen keine Hilfe, wenn wir ihnen erklären, Rudolf Steiner habe gesagt, dass innerhalb von dreißig Jahren das Geld verschwinden müsse ... Was hilft es ihnen, wenn man ihnen Wahrheiten auf diese Weise vorsetzt?

Viele Teilnehmer solcher Tagungen gehen sehr zufrieden nach Hause. Sie sind froh, dass sie neuartige soziale Begriffe, brauchbare neue Ideen erhalten haben, durch die sie lange Zeit ihre Entwicklungsprobleme in einem neuen Licht betrachten können. Es gibt andere – gewöhnlich nur wenige –, die hinterher kommen und sagen: «Nun sprechen Sie bitte einmal weiter. Sie müssen da mehr im Hintergrund haben, als Sie uns erzählt haben!» Ich erwidere: «Ja, ich habe eine Ideenwelt, aus der ich Fragestellungen ergreife und in die Sprache praxisnaher sozialer Begriffe übertrage. Wenn Sie dafür Interesse haben, können wir darüber reden. Sie sind natürlich völlig frei, nur die Begriffe als solche zu übernehmen – sie sind dennoch brauchbar und wirksam.»

Etwa vierhundertfünfzig Topführungskräfte haben während der letzten sieben, acht Jahre an solchen Kursen teilgenommen. Das bedeutet, wenn Sie in Holland in irgendeine Fabrik gehen, treffen Sie auf ein Wissen von diesen Dingen. Ich kann nicht sagen, dass man sie überall anwendet, aber auf jeden Fall weiß man davon, und damit ist ein Klima geschaffen, in dem die nächsten Schritte getan werden können im Laufe der kommenden dreißig.

Die Welt ist voller Fragen. Die große Frage, die uns gestellt ist, lautet: Sind wir imstande, helfende Antworten zu geben? Sind wir in der Lage, etwas aus der Welt der ewigen Ideen zu übertragen in eine Welt fruchtbarer sozialer Begriffe, wie sie

Rudolf Steiner gelehrt hat, bei denen er uns gezeigt hat, wie wir sie finden können?

Sind wir fähig, anderen Menschen die Freiheit zu lassen, mit diesen Begriffen ihren Möglichkeiten gemäß das zu tun, was sie als richtig ansehen? Und ihnen die Freiheit zu lassen, dass sie sie nicht anwenden, wenn sie es nicht wollen?

Etwa acht Jahre, nachdem einer der Direktoren einer unserer großen Flugzeugfabriken in Holland an solch einer Tagung teilgenommen hatte, wurde ich von ihm angerufen: «Mein Kollege, der mit mir zusammen hier die Leitung hat, wird nächste Woche pensioniert», sagte der Mann. «Jetzt kann ich mit der Arbeit fortfahren, die Sie mit uns damals begonnen haben. Bisher habe ich damit warten müssen, weil er kein Verhältnis zu diesen Dingen finden konnte und ich mit ihm zusammenarbeiten musste. Jetzt, nach seiner Pensionierung, können wir den ersten Schritt unternehmen. Kommen Sie bitte vorbei, damit wir einmal darüber sprechen können, wie wir den Anfang machen!»

Der Anfang war ein Treffen mit den leitenden Mitarbeitern der Firma in einem Hotel. Da wurden die nächsten Schritte beraten. Aber ich persönlich konnte ihnen nicht nahelegen, was sie jetzt tun mussten. Ich kannte die sozialen Gegebenheiten ihrer Firma ja nicht. Die kennen nur sie. Wenn wir uns aber zusammensetzen, bringen sie ihre soziale Realität mit herein, und ich kann ihnen vielleicht helfen durch einige praktizierbare Ideen der erwähnten Art.

Ein Grundproblem des sozialen Lebens ist das Lohnproblem. Rudolf Steiner hat einmal etwas Erstaunliches geäußert: Die Idee von Reinkarnation und Karma wird keine Chance haben, ins soziale Leben durchzudringen, solange noch Menschen in der Weise entlohnt werden, wie es heute geschieht. – Darüber müssen wir nachdenken. Wir müssen Antworten auf die Fragen der heute üblichen Entlohnung finden. Wenn einmal alles Heutige, wie wir es kennen, zu bestehen aufgehört hat und die Welt in einer dreigegliederten Sozialordnung lebt – in brüderlichem Wirtschaftsleben, in Gleichheit im Staatsleben, im freien Geistesleben –, wird das wahrscheinlich kein Problem mehr sein. Doch dieses Ideal wird vielleicht erst in der sechsten nachatlantischen Entwicklungsphase voll verwirklicht sein.

In der Gegenwart müssen wir den Menschen helfen, nicht die fernliegenden, sondern gerade die anfänglichen Schritte zu verstehen. Was ist jetzt zu tun? Wir müssen die notwendigen nächstliegenden Schritte tun auf dem Problemfeld der Bezahlung der menschlichen Arbeit. Das ist ein Problem von heute – die Frage des angemessenen Lohnes oder des gerechten Gehaltes. Es ist ein wesentliches geistiges Problem.

Heute wird man bezahlt für die Menge der Arbeit, die man leistet bzw. für deren Qualität. Das gilt auch für leitende Direktoren. Die Menschen, die die untersten Arbeiten verrichten, werden nach der Menge der geleisteten Arbeit bezahlt, die höheren Ränge für das Niveau, die Qualität. In beiden Fällen wird aber vollbrachte Arbeit bezahlt. Auf der unteren Ebene bezahlt man Akkordlohn. Man versucht heute, davon abzukommen. Ich weiß nicht, wie es zurzeit (1965) hier in Amerika gehandhabt wird – in Europa jedenfalls sind sich Arbeitgeber und -nehmer weitgehend einig darin, dass man vom Akkordlohn abkommt und die Menschen nach festen Gehältern bezahlt. In den Sechzigerjahren ist in Holland praktisch die ganze Metall- und Maschinenindustrie zu festen monatlichen Summen für alle Beteiligten übergegangen. Die Produktion ließ nicht nach. Es hatte Menschen gegeben, die behauptet hatten: Wenn Ihr das durchführt, sinkt Eure Produktion sofort! – Sie sank nicht – im Gegenteil!

Ist das nun schon die Lösung? Nein. Vielleicht ein erster Schritt in die Richtung, die wir suchen. Wie aber können wir diese Aussage verstehen, dass die Ideen von Reinkarnation und Karma in der Welt nicht durchkommen, solange die Menschen in der gegenwärtigen Weise bezahlt werden? Nun, eigentlich müssten die Menschen so bezahlt werden, dass sie die Möglichkeit gewinnen, neue Fähigkeiten und neue Gedanken für die Zukunft zu entwickeln.

Das könnte Entlohnung sein: nicht für das, was ich tun kann, sondern für das, was ich tun können werde – für die Entwicklung neuer Fähigkeiten und Ideen! Das braucht Zeit!

Schon ein einziger Gedanke auf dem Gebiet jener brauchbaren sozialen Begriffe verlangt von normalen Menschen zwei bis fünf Jahre, in denen er erarbeitet sein will! Wenn man in drei, vier Jahren eine gute Idee dieser Art ausgestaltet hat, kann man sehr glücklich sein. Aber man muss in dieser Zeitspanne ja auch leben können.

Dass wir altes Karma der Welt zurückgeben, versteht sich von selbst. Doch zum Sinn unseres Lebens gehört es auch, neue Ideen zu erfassen und neue Konzepte verwirklichen zu können. Das Problem ist: Wie können wir brauchbare soziale Begriffe und Anschauungen entwickeln und in die Tat umsetzen, während wir gleichzeitig den Forderungen der sozialen Wirklichkeit in der Gegenwart gegenüberstehen? Man sieht, es herrscht hier eine deutliche Spannung zwischen diesen Polen.

Welche Schritte sind nun die nächstliegenden? Soll man den Menschen beibringen, wie sie Probleme lösen müssen? Wie sie sich eine Idee davon erwerben können, was Entwicklung ist? Oder aber mit den Menschen gemeinsam darüber nachdenken, wie ihre Probleme vielleicht zu lösen wären – und mit ihnen die Erkenntnis ertragen, dass sich gewisse Probleme vorläufig als unlösbar erweisen? Es gehört zu den großen Enttäuschungen, die einem im sozialen Bereich widerfahren, dass man täglich auf Probleme stößt, die gegenwärtig nicht zu lösen sind. Man kann sich darüber hinwegsetzen und erklären: Ach, das ist nicht mein Problem! – Man kann aber auch den Versuch machen, unter den heute unlösbaren Problemen gemeinsam mit denen, die davon betroffen sind, zu leiden. Und damit kehren wir wieder zu unserem Anfang zurück.

Das soziale Leben, die Arbeit im sozialen Bereich, bietet eine hilfreiche Möglichkeit, in das Reich des ätherischen Christus zu gelangen. Die Grundempfindung der Unerfülltheit, das Unbefriedigtsein durch die gängigen Begründungen und Erklärungen, schließlich das Empfinden jener inneren Dualität – es sind Merkmale einer Kluft, tief in uns, zwischen dem was wir eigentlich tun können müssten und dem, was wir tatsächlich tun können. Es ist sehr wenig, was wir tun können. Wir müssen uns unglaublich bemühen um jeden kleinen Schritt vorwärts. Da stehen wir, mit unseren prächtigen Vorstellungen vom Endzustand, vom idealen Ende, welches noch so weit ist! Gerne würden wir die Menschen mittels einer Abkürzung an diesen wunderbaren Endzustand bringen. Doch es hat keinen Wert, nach Abkürzungen innerhalb eines Entwicklungsgangs auszuschauen. In einer Entwicklung muss jeder einzelne Schritt absolviert werden, und zwar immer einer nach dem anderen. Wir müssen den Mut entwickeln, das Leiden an dieser Dualität zu ertragen. Am Anfang wie am Ende bleibt die Aufgabe, dass wir die neue Moral entwickeln – umfassendes Mitleiden und Mittragen des Leidens, das Menschenwesen am Materialismus erfahren.

6. Gruppenbildung – Gruppenleben

Eine Anzahl von Menschen schließt sich zusammen, um gemeinsam etwas zu erarbeiten. Oft geschieht das, weil sie sich miteinander gedanklich in etwas vertiefen wollen. Ein bestimmtes Thema, das alle gleichermaßen stark anzieht, steht im Mittelpunkt. Daraus kann eine richtige Gruppe entstehen. Natürlich, auch ein Einzelner kann für sich alleine studieren, was ihn interessiert. Doch vielleicht will er es noch vertiefen – er schaut sich dann nach anderen um, die gleich ihm Interesse daran haben, und sie arbeiten gemeinsam daran. Sie kommen weiter, als wenn jeder für sich geblieben wäre. So eine «Studiengruppe» erarbeitet sich hauptsächlich Begriffe. Man bewegt sich auf einer Ebene, wo es um gedankliche Inhalte geht.

Außerdem gibt es «soziale Gruppen». Das sind Gruppen, in denen es um das geht, was sich zwischen Menschen abspielt, um Interaktion. Man trifft sich nicht, um gemeinsam etwas zu studieren, sondern um sich zu begegnen. Die Gruppe trifft zusammen, weil man sich kennenlernen, die Freizeit gestalten, sich gegenseitig helfen will. In einer «sozialen Gruppe» kommt es nicht auf ein Arbeitsthema an, das besprochen wird, sondern es geht dort vornehmlich um das, was sich zwischenmenschlich abspielt.

Eine dritte Möglichkeit ist die «Initiativ- oder Aktionsgruppe». Die Initiativgruppe setzt sich Ziele, die außerhalb der Gruppe liegen. Da soll etwas praktisch verwirklicht werden. Es handelt sich vielleicht um Lehrer, die eine Waldorfschule gründen wollen. Oder um Leute, die einen

Bauernhof, eine Gärtnerei betreiben wollen. Sie wollen etwas in Angriff nehmen, was nicht bloß innerhalb der Gruppe selber liegt, sondern außerhalb, in der Welt.

Stellen wir uns einmal eine Gruppe von zehn Menschen vor. Davon wollen vielleicht drei etwas praktisch verwirklichen, drei andere wollen etwas studieren und den anderen vier geht es ums Begegnen. Diese Gruppe kommt wahrscheinlich nicht sehr weit. Wenn ein Gruppenleben entstehen soll, müssen die Mitglieder sich über den Charakter ihrer Gruppe einig sein. Was soll erreicht werden? Hat jeder Einzelne dasselbe Ziel wie die Gruppe als ganze?

Die Studiengruppe, die soziale Gruppe, die Initiativgruppe – sie alle haben ihren Ort und ihre Bedeutung. Zuerst einmal müssen sich in einer Gruppe die unterschiedlichen Erwartungen der einzelnen Teilnehmer auf einer gemeinsamen Basis begegnen. Es ist besser, die erste halbe Stunde darüber zu sprechen, als auf ganz verschiedenen Niveaus von Absichten und Erwartungen einfach anzufangen. Kein von Grund auf gesundes Gruppenleben entwickelt sich, solange die Mitglieder gegensätzliche Zielsetzungen vertreten.

Zweitens – wie sehen die Gesetzmäßigkeiten aus, die die Arbeit der Gruppe bestimmen, an der man teilhaben will? Sie sind je nach Typus der Gruppe verschieden. Meistens kümmern sich die Menschen darum wenig. Sie fangen einfach an. Sie treffen sich und sagen: «wir studieren etwas zusammen», oder «wir machen etwas Soziales», oder «jetzt wollen wir etwas tun!» – Trotz allem müssen die Gesetze, denen ihre Gruppeninitiative – wie im letzten Fall – folgt, bewusst geworden sein. Sie sind andere als bei den Studiengruppen.

Drittens – eine häufig sehr unangenehme Sache: Es kann sein, dass sich die Ziele der Gruppe verändern. Ist sich dann jeder dieser Veränderung bewusst? Hat jeder den Willen, sich in die neue Gruppensituation hineinzufinden? Häufig beginnt eine Gruppe als reine Studiengruppe. Dann verändert sich das. Etwa 40 Prozent der Mitglieder bilden eine soziale Gruppe, 20 Prozent dagegen wollen initiativ werden, die restlichen 40 Prozent sind weiterhin der Meinung, man sei eine Studiengruppe. Eine Fülle von Spannungen, Auseinandersetzungen und Unzufriedenheit geht aus der Tatsache hervor, dass unmerklich eine Verlagerung der Absichten eingetreten ist, nach einem Beginn auf gleicher Ebene.

Was können wir in diesen verschiedenen Gruppen lernen und erreichen? Die Gruppenprozesse und die Gruppenarbeit bringen uns auf einen Weg, der zur praktischen Karmaerkenntnis führt. Jede Begegnung mit anderen Menschen ist eine praktische Karmaübung. Wer bin ich? Wer ist der andere?

Rudolf Steiner sprach es im Anschluss an die «Weihnachtstagung» aus: Anthroposophie solle zur praktischen Übung im Begreifen des Karma führen. Damit wollte er nicht sagen, dass die Leute nun nach Hause gehen sollten, um sich zur Meditation über frühere Leben im Zimmer einzuschließen – bei dieser Handhabung werden sich bestimmt Illusionen in die Seelen einschleichen. Praktische Übungen im Begreifen des Karma vornehmen heißt anderen Menschen begegnen, denn die anderen offenbaren mir, wer ich bin. Rudolf Steiner wies darauf hin, dass sogar der Eingeweihte nicht in seine eigenen Inkarnationen zurückschauen kann. Durch andere Menschen müssen sie sich ihm offenbaren. In der Begegnung mit anderen wird einem der eigene Weg, der eigene Schicksalsstrom immer deutlicher.

Betrachten wir zuerst die *Studiengruppe* etwas genauer. Nach Worten Rudolf Steiners ist das Studium der erste Schritt auf dem Pfad der Erkenntnis. Es ist klug, diesen ersten Schritt in einer Gruppe zu versuchen, falls eine solche gefunden werden kann. Es ist eine Hilfe, wenn man jemandem begegnet, dessen Interesse dem gleichen Gebiet gilt, das einen selbst interessiert. Nehmen wir einmal an, ich interessierte mich für die Kathedrale von Chartres. Ich finde andere, denen es genauso geht. Wir beschließen uns zu treffen, um uns damit zu beschäftigen.

Ein derartiges gemeinschaftliches Studium befriedigt ungemein, und jeder kann davon etwas mit nach Hause nehmen, was er alleine vielleicht nicht hätte finden können. Das ist ein Geschenk. Aber da gibt es auch eine Gefahr. Bei einer Arbeit dieser Art bleibt jedes Gruppenmitglied mehr oder weniger auf sich selbst bezogen. Jeder will etwas von diesem Gruppenabend haben. Jeder will mit neuen Kenntnissen, mit besserem Verständnis der Sache nach Hause gehen.

Nichtsdestoweniger ist dieses Studium eine echte Vorbereitung; es ist ein erster Schritt. Bevor man auf dem Gebiet des Geisteslebens soziale Wirkungen entfaltet, indem man etwas gibt, muss erst einmal etwas vorhanden sein. Man kann nicht geben, wenn man noch nichts besitzt. Man muss sich Erfahrung und echtes Wissen in geistigen Dingen erarbeiten. Nach dem Studium kann man den nächsten Schritt unternehmen. Man kann anderen etwas geben.

Eine andere Gefahr der Studiengruppe ist der «intellektuelle Egoismus». Das bezieht sich zum Beispiel auch auf das maßlose Verschlingen von Vorträgen, ohne aufhören zu können. Dieses «mehr und mehr» ist eine Gefahr des Intellekt-Gebrauchs; es entsteht dadurch ein Zustand der Unzufriedenheit: «Zwar weiß ich viel, doch möcht' ich alles wissen ...» Derartiges kann in den Menschen, die sich zur Studiengruppe zusammengeschlossen haben, durchaus aufkommen. Man sollte vor dem intellektuellen Egoismus auf der Hut sein!

In der *Lesegruppe* sind die Gewichte anders verteilt: ein

Mitglied spricht, die anderen hören zu. Auch das ist eine Möglichkeit, sich in etwas zu vertiefen. Gewiss sind Vorträge etwas Unumgängliches – dennoch sollte man auch da aufpassen. Sie sind etwas Wertvolles, wenn jemand, der sich viele Jahre lang mit einer Sache auseinandergesetzt hat, zu einer interessierten Gruppe spricht. Sobald Vorträge allerdings belehrend-pedantisch werden oder «hochgeschraubt», entstehen Schwierigkeiten durch die Eitelkeit des Vortragenden. In einer auf Vorträge eingestellten Gruppe ereignet sich in der Regel Folgendes: die zuhörenden Mitglieder werden langsam in bestimmter Weise passiv. Sie werden sozusagen zu einem «Verbraucherverband». In anthroposophischen Zusammenhängen gibt es beispielsweise alte Gruppen, die sich schon dreißig Jahre lang jeden Dienstagabend treffen. Vorträge werden gelesen, und man hört zu, wie ein Mitglied ihren Inhalt darlegt. Spricht man sie an mit der Bitte, aktiv zu werden, vielleicht auch gemeinsam ein Problem zu erörtern, dann versetzt sie das in große Aufregung, und sie sehen viele Schwierigkeiten.

Der positive Aspekt der Vorträge liegt in der Möglichkeit, in konzentrierter Form die Forschungsresultate einer Persönlichkeit entgegenzunehmen, die sich jahrelang damit beschäftigt hat. Die Anwesenden empfangen, was in einer bestimmten Seele lebt und was diese Seele sich erarbeitet hat.

Zu den Erfahrungen der jüngeren Mitglieder der Anthroposophischen Gesellschaft in Holland gehört auch die folgende Situation (1965): «Wenn wir in die Gruppen kommen, begrüßt uns niemand. Wir suchen uns Plätze, setzen uns und fühlen uns sehr einsam. Die Vorträge sind durchaus interessant. Anschließend gehen wir nach Hause. In Hinblick auf den menschlichen Kontakt fühlen wir uns eiskalt, obgleich die Vorträge in denkerischer und geistiger Hinsicht sehr anregend sind. Warm ums Herz wird uns nicht.

Da bleibt alles leer …» In einem solchen Fall muss etwas getan werden.*

In Holland hat eine Gruppe von Mitgliedern den Versuch gemacht, die neu Hereinkommenden anzusprechen, Kontakt herzustellen und sie einzuführen. – Rudolf Steiner war es sehr wichtig, dass die Menschen empfangen würden von jemandem, der auf sie zutrat und ein Gespräch anknüpfte. Für die Elternabende der Waldorfschule wählte er immer ein «Lächel-Komitee» aus: «Sie und Sie und Sie werden heute Abend das Lächel-Komitee sein!» Das hieß, da stand ein Lehrer, der die Eltern begrüßte, ein paar freundliche Worte sagte und sie zu ihren Plätzen führte, kurz – ihnen das Gefühl gab, dass sie willkommen seien. So etwas ist keine leere Formsache. Es ist eine Sache von echtem Lebenswert.

Etwas Positives am Gruppenleben ist, dass wir dabei lernen, wie andersartig der andere sich mit den Dingen auseinandersetzt. Der andere hat andere Interessen, erlebt andere Werte, sucht andere Wege. Der persönliche Horizont wird in der Gruppe erweitert. Wenn wir sehen, wie derselbe Inhalt oder derselbe Vortrag auf viele ganz verschiedene Weisen erarbeitet werden kann, erübrigt sich der Kampf um die «richtige Methode». Das war ja bei dem alten Tobias der Fall. Er handelte stets recht. Er kannte immer die «richtige Methode», und er wurde blind; blind gegenüber allem, was um ihn herum lebte. Wenn man darauf beharrt zu sagen: «Meine Methode ist die einzig richtige und alle anderen sind unrichtig», dann gerät man in Blindheit gegenüber dem, was in der Umgebung vorgeht.

Welcher innere Weg ist nun derjenige der Studiengruppe? Es ist der «achtgliedrige Pfad», der zur Ausbildung der «sechzehnblättrigen Lotusblume» führt. Es ist der Pfad des Buddha.

* Glücklicherweise hat sich dieses Bild inzwischen geändert.

Acht Eigenschaften sollen erstrebt werden: die richtige Anschauung (Meinung); das richtige Urteil; das richtige Wort; die richtige Handlungsweise; der richtige Standpunkt; das richtige Ziel (Streben); das richtige Gedächtnis; die richtige Beschaulichkeit (Überschau). Der achtgliedrige Pfad führt – in seiner Gesamtheit überschaut – zur Erlangung des richtigen Gleichgewichtes zwischen Seele und Welt. Rudolf Steiner arbeitete auch mit jüngeren Menschen. Einige Vertreter von ihnen suchten ihn 1923 auf. Sie hatten kurz zuvor bestimmte Gruppen gebildet und fragten ihn nun, wie sie darin arbeiten könnten. Rudolf Steiner sagte: «Um Gottes Willen – bloß keine Vorträge!» – «Aber was sollen wir dann treiben, wenn wir keine Vorträge halten?» – «Sprechen Sie über Ihre okkulten Erfahrungen.» – «Aber wir sind junge Menschen. Wie können wir über okkulte Erfahrungen sprechen? Wir haben ja eigentlich noch keine!» – «Doch, Sie haben sie täglich, Sie gehen nur daran vorbei.»

Jemandem begegnen und erkennen, dass er ein menschliches Wesen ist – das ist der erste Schritt in Richtung der Imagination. Ohne Imagination könnten wir nicht sehen, ob es sich um ein Standbild oder um ein Lebewesen handelt. Vielleicht bewegt er sich. Wenn er sich aber nicht bewegt, dann können wir in seine Augen blicken, und wir erkennen: Er ist ein «Ich». Er ist eine Persönlichkeit. Auch wenn wir die Wahrnehmung machen: «dieser Mensch ist betrübt» oder «dieser Mensch ist glücklich», so geschieht das aus der Kraft der Imagination.

Man kommt nur zu tieferen Imaginationen vom Hereinwirken der geistigen Welt in die physische, die sich zum Bild gestalten können, wenn man jenes richtige Gleichgewicht gefunden hat. Solange dieses Gleichgewicht nicht besteht, wird die Imagination zur Illusion. Man meint, man sähe etwas, doch im Grunde sind Seele und Welt einfach nicht im Gleichgewicht.

Das Beschreiten des achtgliedrigen Pfades lebt aus dem Erüben seiner genannten Stationen. Die Übungsbedingungen bietet insbesondere so eine Gruppe von gemeinsam studierenden Menschen. In einer derartigen Gruppe kommt es während der Arbeit zu Fragen und Diskussionen. Jemand sagt: «Ich habe gerade einen Satz bei Rudolf Steiner gelesen. Ich verstehe ihn so und so ...» Er versucht zu beschreiben, wie er ihn auffasst. Ein anderer sagt: «Ich fasse ihn ganz anders auf.» Jetzt geht es darum, dass nicht jemand sagt: «Du hast unrecht.» Es genügt zu sagen: «Ich verstehe ihn ganz anders. Betrachten wir doch einmal die beiden Standpunkte ...»

Eine wahre Imagination ist erst aufgebaut, wenn man um eine in Betracht kommende Sache ganz herumgegangen ist, um sie von wenigstens zwölf verschiedenen Standpunkten aus zu betrachten. Auf zwölf Grundstandpunkte hat Rudolf Steiner hingewiesen. In einer Gruppe mit zwölf Mitgliedern könnte es die Möglichkeit geben, dass alle zwölf Standpunkte vertreten sind. Je größer die Gruppe, desto größer die Chance. Da gibt es die Herausforderung, dass man denkt: «Ich habe es verstanden» – und man hört gleich darauf von einem anderen, dass er es auf ganz andere Art erfasst hat. Das ist eine Frucht der Studiengruppe.

Der zweite Gruppentyp ist die *soziale* Gruppe. Sie baut auf individuellen Wechselwirkungen zwischen Menschen auf. Man arbeitet nicht an einem bestimmten Thema. Man beschäftigt sich vielmehr mit der Gruppe selbst. Wie kann das aussehen?

Ich möchte schildern, wie ich dies von einer Gruppe junger Leute vor etwa dreißig Jahren gelernt habe. Das Gruppenhafte lag mir damals nicht besonders. Mir ging es in erster Linie um neues Wissen. Ich studierte gerne. Mein Interesse galt wissenschaftlichen Fragen und nicht so sehr anderen

Menschen. Das heißt, in zwangloser Weise war es durchaus da, aber es ging nicht so tief.

Ich war der Meinung, dass ich in der Anthroposophie rasche Fortschritte machte. Da traf ich eine Gruppe junger Leute, die – wie ich es auffasste – auf recht komische Art zusammenarbeiteten. Es war eine gemischte Gruppe. Studenten verschiedener Fakultäten waren darunter, andere standen im Berufsleben; auch ein Postbeamter war dabei. Es gab ein minderbegabtes Mädchen, einen Grenzfall sozusagen. Alle diese Leute trafen sich, um Goethes *Metamorphose der Pflanze* durchzuarbeiten. Jeden ersten Sonntag im Monat trafen sie sich für den ganzen Tag. Am Morgen machten sie gemeinsam Eurythmie. Danach gingen sie in die Natur und suchten Pflanzen, die sie dann daraufhin betrachteten, wie die Lichtkräfte wirkten, wo sich die Kräfte des chemischen Äthers oder des Lebensäthers ausprägten. Am Nachmittag waren alle zurück und beschäftigten sich mit etwas anderem.

Wenn ein Gruppenmitglied etwas nicht verstand, hielten sie inne. Sie sagten sich: «Wir können nicht weiter, bevor es dieser eine nicht auch verstanden hat!»

Jenes Mädchen war oft dieser eine, der etwas nicht verstand. Die meisten Gruppen wären ganz froh gewesen, so jemanden einmal los zu sein. Sie hielt die Gruppe häufig auf. Die Gruppe dachte aber nicht daran, sie fallen zu lassen. Sie sagten: «Wenn wir ein Mitglied verlieren, dann ist es um die ganze Gruppe geschehen. Keine Flotte fährt schneller als ihr langsamstes Schiff. Wir müssen auf sie warten und zusammenbleiben.»

Sie baten mich, gelegentlich teilzunehmen und über gewisse Fragen, die mit den Pflanzen zusammenhingen, zu sprechen. Am Anfang war ich sehr irritiert durch ihre Arbeitsweise. Ich wollte es nicht fortsetzen. Aber ich begann zu sehen, von Mal zu Mal deutlicher, wie da etwas geschah. Ich nahm wahr, wie da eine Sphäre der Moralität in der Gruppe heranwuchs, und bemerkte, dass jenes Mädchen langsam aufblühte und aus seiner Verschlossenheit herauskam. Das hielt an bei ihr. Sie machte eine Ausbildung, wurde Kindergärtnerin und arbeitet heute ungemein erfolgreich. Seit etwa fünfundzwanzig Jahren ist sie eine der besten Kindergärtnerinnen in unserem Land. Viele Menschen hospitieren bei ihr, um von ihr zu lernen.

Woher kommt so etwas?

In einer solchen Gruppe entsteht eine bestimmte Art Moralität. Da trägt wirklich einer den anderen. Es ging in jenem Fall gar nicht in erster Linie um Pflanzenstudien. Das war nur ein Hilfsmittel. Sie wollten vor allem eine Gruppe sein. Sie wollten sich gegenseitig helfen. Sie wollten in die Fragen eindringen, die das Gemeinschaftsleben mit sich bringt.

Bei der Bildung einer sozialen Gruppe ist es stets möglich, dass die Teilnehmer voneinander abhängig werden. Die meisten Menschen lehnen das ab. Dem steht gegenüber, dass jedes Mitglied ein Bewusstsein für die anderen entwickelt. Was sieht man, wenn man Bewusstsein für einen anderen Menschen entwickelt? Was tritt einem zuerst entgegen?

Zuerst bemerkt man die Erziehung, die er oder sie gehabt hat, seine Lebensgeschichte, seine Gefühle, die Ziele, die er anstrebt. Beim genaueren Kennenlernen eines Menschen stößt man auf sein altes Karma. Was in seinen «Hüllen», dem physischen, ätherischen und astralischen Leib dieses Menschen, bewahrt und anwesend ist, ist die Geschichte seines jetzigen und seiner früheren Leben. Man stößt auf den «Doppelgänger» des anderen Menschen.

Wie wirkt sich das im Gemeinschaftsleben aus? Da gewahrt man zuallererst einmal den «alten Adam» und die «alte Eva», also all das, was dieser Mensch aus seinen früheren

Leben und aus seiner jetzigen Lebensgeschichte mitbringt. Bei dem Doppelgänger handelt es sich um die noch nicht umgearbeiteten Bestandteile seines alten Karma, die in zusammengezogener, konzentrierter Gestalt auftreten. Wir müssen aber lernen, hinter den Doppelgänger zu blicken und die Frage zu stellen: Wonach strebt das Ich, das hinter diesem Doppelgänger lebt?

Der Doppelgänger kann ein wenig befremdlich wirken. Man denkt rasch: Oh, mit so jemandem möchte ich nicht näher zu tun haben. – Danach lernt man ihn erst richtig kennen. In einer derartigen Gruppe kann man üben, durch den Doppelgänger hindurchzuschauen, zu sehen, was hinter ihm liegt. Da findet man das ringende Ich – das Ich, das danach strebt, Zukunft zu entwickeln, das Dasein würdig zu gestalten.

Wenn Menschen gezwungen sind, längere Zeit in einem engen sozialen Verband zu leben und Tag für Tag zusammen sind, kann diese Konfrontation mit dem Doppelgänger zu gewissen Psychosen führen. In der Psychiatrie sprechen wir von einer «U-Boot-Psychose». Wir kennen folgende Situation: Zwanzig bis dreißig Männer leben auf engem Raum zusammen. Da kann es vorkommen, dass einer, wenn er sieht, wie ein anderer irgendetwas Belangloses tut, dermaßen in Erregung gerät, dass er sagt: «Wenn du damit nicht aufhörst, schlag ich dich tot!»

Solche Lebenserscheinungen meinte ich, wenn ich sagte: man stößt auf den Doppelgänger eines anderen Menschen. Was hier irritiert, ist nicht das strebende Ich, sondern der alte Adam, der Doppelgänger, etwas «Fixiertes» sozusagen. Er tut immer dasselbe, sagt stets dasselbe, führt sich immer in ähnlicher Weise auf. Im Gruppenzusammenhang kann man Folgendes üben: Man sagt sich: «Ich will nun diese zehn Menschen, die mit mir hier zusammenarbeiten, kennenlernen.» Das heißt nicht, dass man in ihr Privatleben eindringt und intime Fragen zu stellen beginnt. Durch die «intimen Fragen» trifft man doch immer nur wieder auf den Doppelgänger. – Man bemüht sich, den Punkt zu finden, wo der andere Mensch aus seinem Ich heraus spricht. Was will er im Leben im Grunde erreichen? Worauf richtet sich seine tiefste Sehnsucht? Weiß man das, dann weiß man ein wenig über den anderen, über das Ich des anderen, das ihn zum strebenden Menschen macht. Der Versuch, mit dem Ich eines anderen Menschen in Berührung zu kommen, bringt die schönsten Früchte des Gemeinschaftslebens hervor.

Es bestehen natürlich die Gefahren der Cliquenbildung, der überbetonten Empfindsamkeit, der Überreiztheit, der Unterdrückung, der Gehässigkeit, sodass sich gewisse Mitglieder völlig verschließen. In den Vereinigten Staaten begeben sich die Menschen nicht gerne freiwillig in solche Schwierigkeiten. Sie schätzen eine warme angenehme Atmosphäre höher als die Auseinandersetzung mit dem Unangenehmen. Sie versuchen ihr Leben so einzurichten, dass sie nicht durch andere Menschen in Unruhe gebracht werden.

Welche Fähigkeiten lassen sich nun besonders in der sozialen Gruppe ausbilden? In der sozialen Gruppe können wir den von Rudolf Steiner erwähnten «sechsgliedrigen Pfad» betreten. Er führt zur Ausbildung der «zwölfblättrigen Lotusblume». Sie liegt im Herzbereich. Nach Worten Rudolf Steiners ist der sechsgliedrige Pfad der christliche Schulungsweg unserer modernen Zeit.

Welches sind seine Bestandteile? Kurz zusammengefasst: Kontrolle der Gedanken; Kontrolle der Handlungen; Ausdauer; Toleranz (Positivität und Objektivität); Unbefangenheit. Als sechstes Element, das dem Seelengleichgewicht dient, folgt der ruhige Gleichmut. Er ist Ziel und Frucht dieses Pfades. – Ruhiger, gelassener Gleichmut – das heißt, es muss Stille im Herzen eintreten, wenn man einen anderen

Menschen wirklich verstehen können will. Die ganze Seele muss zur Ruhe kommen, dann gelangt man zum Erfassen dessen, was in der Seele des anderen vorgeht. Der große Entwicklungsweg für die moderne Menschheit ist der sechsgliedrige Pfad, sagt Rudolf Steiner. Er will heute beschritten werden. Der achtgliedrige Pfad war der Pfad des Buddha. Der sechsgliedrige Pfad ist der Weg des modernen Menschen.

Die Entwicklung dieser Qualitäten führt uns auch zum Erwerb von Fähigkeiten im sozialen Sektor. Es ist ein Weg der Entwicklung «moralischer Fantasie», ein Weg, auf dem Inspiration entwickelt wird. Das Gewahrwerden des Ich hinter dem Doppelgänger des anderen Menschen ist schon ein Schritt auf diesem Weg zur Inspiration. Wenn man ein Kind liebevoll betrachtet, kann man sein schönes Haar, die helle Stimme, die sanfte Haut lieben. Man kann aber lernen, ebenso das Ich zu lieben, das in diesem Kinde steckt und nach Entfaltung strebt. Auch das ist schon ein Schritt der Inspirations-Vorbereitung. Ein Lehrer kann nicht ein guter Lehrer sein, ohne dass er die Kraft der Inspiration bis zu einem gewissen Grade entwickelt hat. Das ist die große Gabe, die Menschen zuteil wird, die mit Kindern zu tun haben.

Der dritte Gruppentyp ist die Initiativ- oder Aktionsgruppe. Sie kommt zusammen, um Initiativen zu ergreifen und Handlungen auszuführen. Welche Bedingungen gelten für eine Gruppe, die eine Initiativgruppe sein will? Es genügt nicht, dass einfach zehn oder zwanzig Leute etwas in Angriff nehmen wollen. Eine Initiativgruppe muss erst einmal eine echte Gruppe sein, bevor sie etwas unternimmt. Das heißt, es müssen Mittel gefunden werden, die – durch gemeinsames Studium, durch Erüben oder Entwickeln der rein sozialen Fähigkeiten – die Gruppe zur Gruppe durchbilden. Dann wird diese Gruppe fähig, sich ein Ziel in der Welt zu setzen.

So wird sie ein starkes Instrument, das im sozialen Bereich etwas auftauen kann. Es können die Hierarchien in sie hereinwirken. Sie kann, wenn sie zur echten Gruppe geworden ist, ein Organ der geistigen Welt darstellen.

Wenn eine Gruppe, die ein Organ der geistigen Welt sein kann, die alten karmischen Kraftwirkungen überwunden hat, trachten ihre Mitglieder danach, das zu entwickeln, was der geistige Wesenskern des anderen verlangt, nicht, was seine verschiedenen Hüllen wünschen. Das ist eine wahre Initiativgruppe; sie arbeitet aus der Intuition. So können die Hierarchien durch sie hindurch wirken, und die Gruppe wird zum Instrument der Hierarchien.

Das einzelne Ich steht selbstständig in der Gruppe darinnen, und die Gruppe handelt aus Intuition heraus. Neues Karma wird gebildet. Dieses neue Karma ist Sonnen-Karma. Das alte Karma ist Monden-Karma. Durch das Tor des Mondes kam es in das Erdenleben herein. Die alten Karma-Kräfte sind in solcher Weise geordnet, dass sie mit dem Menschen zusammen bei der Geburt ins Leben treten. Doch der Mensch baut durch die Aktivität seines Ich neues Karma auf – Sonnen-Karma. Dieses strahlt in die Zukunft hinein. Es ist Karma, das sich in künftigen Leben weiterentwickeln wird. – Das ist der Pfad, auf dem die «zehnblättrige Lotusblume» ausgebildet wird, der fünfgliedrige Pfad.

In seinem Buch *Wie erlangt man Erkenntnisse der höheren Welten?* spricht Rudolf Steiner auch über die zehnblättrige Lotusblume und den fünfgliedrigen Pfad, der in die Zukunft weist. Der sechsgliedrige Pfad führt ins soziale Lebensgefüge hinein. Er hängt mit den zwischenmenschlichen Beziehungen zusammen, wie sie sich im Hier und Jetzt ausprägen. Der fünfgliedrige Pfad weist in die Zukunft.

Was ist der fünfgliedrige Pfad? Der erste Schritt ist die Erlangung der Kontrolle der Sinneswahrnehmungen. Das

Zweite ist die Kontrolle der Ahnungen und Stimmungen, des «Fantasierens». Man soll sich befragen, woher sie kommen. Drittens: Wir haben fortwährend eine große Anzahl von unbewussten Wahrnehmungen, die uns über die Augen und Ohren erreichen; auch über die magnetischen Kräfte der Erde wirken sie auf uns ein. Wir müssen einen «seelischen Panzer» um uns legen gegen alle unbewussten Eindrücke. Das Vierte ist: vermeiden, Dinge ohne Nachdenken hinzunehmen. Man hört alles Mögliche, man entspannt sich, indem man Zeitung liest. So vieles wird ohne Weiteres bedenkenlos geschluckt. Wir müssen lernen, all das, was in uns hineingelangt, bewusst und klar, d.h., in einer solchen Form aufzunehmen, dass wir darüber wirklich nachdenken müssen. Als Letztes fügt Rudolf Steiner, indem er diese Vierheit zusammenfasst, den Begriff «strenge Selbstzucht» hinzu.

Das bedeutet für Menschen, die an einer Initiativ- oder Aktionsgruppe teilnehmen, dass sie Wege finden, von sich wegzukommen, freizulassen. Sie müssen den anderen so akzeptieren können, wie er ist, und positiven Möglichkeiten Wirkungsraum gewähren. Jedes Mitglied hat seine negativen Kräfte für sich zu behalten und muss an ihnen «im stillen Kämmerchen» arbeiten.

Fassen wir noch einmal zusammen: Auf der einen Seite haben wir das alte Karma. Alles, was wir an Wissen und Fähigkeiten ausbilden können, basiert auf altem Karma. Es kommt zur Begegnung mit anderen Menschen, wir lernen sie kennen, beziehen sie schließlich in unser eigenes Leben mit ein. Wir werden einen anderen Menschen nicht wirklich kennenlernen, wenn wir ihn nicht in unser eigenes Leben mithereinnehmen, sodass er ein Bestandteil davon wird. Dann tritt durch unseren Willen neues Karma ins Dasein. Dies ist Zukunftskarma. – Man kann die Gruppen also folgendermaßen charakterisieren:

- in der *Studiengruppe* offenbart sich altes Karma;
- in der *sozialen Gruppe* wird altes Karma neu geordnet;
- in der *Initiativ- oder Aktionsgruppe* wird neues Karma gebildet.

Noch ein Rat für die Praxis. Wenn Sie als Gruppe arbeiten wollen, dann fragen Sie sich: Welches Ziel hat diese Gruppe? Was tun wir eigentlich? Weiß die Gruppe, was sie tut? Liegen die Erwartungen aller auf derselben Ebene?

7. Die Dreigliederung und die geistige Signatur der Gegenwart

Wie gehen wir in der sozialen Realität von heute vor, wenn wir gewisse Aspekte der «Dreigliederungsidee» Rudolf Steiners verwirklichen wollen?

Man kann, wenn man sich mit dieser Materie auseinandersetzen will, nach zwei Richtungen arbeiten. Da gibt es einmal den Weg der Durchdringung der gegenwärtigen sozialen Fragen und der Weltlage. Dabei müssen wir drei Ebenen unterscheiden, auf denen sich die Fragen bewegen:

- die Ebene der geistigen Welt, der ewigen Ideen;
- die Ebene der praktisch anwendbaren, «vernünftigen» sozialen Begriffe;
- die Ebene der sozialen Realität, wie sie in den jeweiligen Situationen praktisch aussieht.

Daneben gibt es einen zweiten Ansatzpunkt für die Arbeit in diesem Sektor. Er wird notwendig, wenn wir ernsthaft daran denken, in einer neuen Weise in Gruppen zu leben. Tun wir dies mit dem Ziel, dabei gewisse Aspekte des Dreigliederungsgedankens zu verwirklichen, müssen wir uns mit der Idee der Dreigliederung selbst auseinandersetzen – auch hier immer eingedenk jener Dreischichtigkeit des Problems.

Beide Richtungen wollen verfolgt werden. Im ersten Fall betrachten wir die Weltfragen und tragen dabei den Dreigliederungsgedanken im Hintergrund. Im zweiten Fall beschäftigen wir uns mit der Dreigliederung, um in ihrem Geist eine Gemeinschaft aufzubauen. – Eine dritte Richtung ergibt sich gewissermaßen als weitergeführte Synthese dieser beiden Wege.

Es ist das aktive Tätigwerden in der Welt für die Dreigliederung, das selbst ganz aus den Dreigliederungsimpulsen lebt. Es kann sowohl aus einer Beschäftigung mit den sozialen Weltproblemen hervorgehen als auch aus einer Gemeinschaftsarbeit, die gewisse Aspekte der Dreigliederung zu verwirklichen sucht. Zum Studium der Grundlagen der Dreigliederung müssen wir uns zunächst einmal mit den betreffenden Büchern und Vorträgen Rudolf Steiners beschäftigen. In Vorträgen aus den Jahren 1919 bis 1922 werden Zusammenhänge entwickelt, die mit der ersten Ebene, der Welt der ewigen Ideen, in Beziehung stehen. Jene ewigen Ideen leben in den Vorträgen, den Büchern wie in der gesamten Anthroposophie. Die «Dreigliederung des sozialen Organismus» erscheint dort vor dem großen Hintergrund der Anthroposophie, welche Licht wirft auf die Idee der Dreigliederung des Menschen und der Gesellschaft, die dreigegliederte Welt der Hierarchien und schließlich auf die heilige Trinität als Allerhöchstes.

In der dreifältigen Welt der Hierarchien, im dreigliedrigen Menschen und in der dreifachen Gliederung des Gesellschaftslebens begegnen wir den ewigen Ideen, wie sie in dem Grundstein der Allgemeinen Anthroposophischen Gesellschaft eine Form gefunden haben.

In den Vorträgen aus den Jahren 1919/20 aber stoßen wir auf Darlegungen, in denen es nur zum Teil um die ewigen Ideen geht. Rudolf Steiner geht hier auf die erwähnte Ebene der vernünftigen sozialen Begriffe über. Er entwickelt sie aus der Situation von 1920 heraus. Diese Begriffe stehen in der Mitte zwischen den ewigen Ideen und der sozialen Realität eines jeweiligen Augenblickes. Die soziale Realität ist ja stets an eine bestimmte Situation, die innerhalb einer bestimmten Zeitspanne herrscht, gebunden. Ständig verändert und entwickelt sie sich.Wenn wir also zu solch vernünftigen Begriffen in Bezug auf soziale Fragestellungen gelangen wollen, müssen wir uns zuerst den ewigen Ideen zuwenden und an ihnen arbeiten.

Wir müssen außerdem die soziale Realität der Gegenwart kennen. Dann können wir die Frage nach den geeigneten, anwendbaren sozialen Begriffen stellen und erkennen: Wir müssen sie selbst immer wieder neu hervorbringen.

Dennoch können wir aus der Arbeit Rudolf Steiners, in den Jahren 1919/20, etwas Wesentliches lernen. Wir können auf die historische soziale Situation von damals zurückschauen und ihre Behandlung durch Rudolf Steiner als methodische Beispiele der Überführung ewiger Ideen in vernünftige zsoziale Begriffe nehmen. Studiert man das in dieser Weise, entwickelt sich ein methodisches Denken auf dem Gebiet der Dreigliederungsfragen.

Wenn wir nun angesichts unserer sozialen Gegenwart zu vernünftigen, brauchbaren Begriffen kommen wollen, müssen wir die Entwicklung der sozialen Realität seit 1920 betrachten. Zu den Problemen von 1920, die nach wie vor eine Rolle spielen, ist eine Vielfalt ganz neuer Situationen hinzugekommen, die damals noch unbekannt waren. Unsere Kenntnis all dieser Tatsachen müssen wir in Zusammenhang bringen mit unserem Wissen von deren geistigen Hintergründen.

Man kommt zu einem Verständnis der neueren Entwicklungsphänomene, wenn man einmal den Materialismus des 19. mit demjenigen des 20. Jahrhunderts vergleicht. Der Materialismus des 19. Jahrhunderts war ein vorwiegend im Denken herrschender; der Materialismus des 20. Jahrhunderts spielt sich in der Praxis ab. Das materialistische Denken im 19. Jahrhundert wurde durch jene Generationen von idealistischen Wissenschaftlern ausgebildet, die zwischen 1850 und dem Ende des 19. Jahrhunderts bzw. seit Beginn des 20. Jahrhunderts bis zum Ende des Ersten Weltkrieges das materialistische Weltbild geprägt haben. Schon dieses materialistische Denken war für den Christus wie eine innerliche Kreuzigung. Der in der Praxis umgesetzte Materialismus ist ein noch schwereres Kreuz für die geistige Welt: Dieser Materialismus ist in die *Willenssphäre* eingedrungen. Wir sehen das an seiner Entwicklung seit 1920.

Lebt der Materialismus im Willen, entsteht eine Tendenz zur praktischen Neuerschaffung der Welt. Lebt sich diese im Reich der Technik aus, stützt sie sich auf die Kenntnis der physikalischen Gesetze. Im gesellschaftlichen Bereich wird zu diesem Zweck die Zukunft durch Sozialmodelle vorprogrammiert. Mit dieser praktischen Ausrichtung hat sich der Materialismus besonders rasch seit 1945 entwickelt. Der Zweite Weltkrieg hat das Wirken Ahrimans sowohl auf theoretischem wie auf praktischem Gebiet beschleunigt.

Neu aufgekommen seit dem Krieg ist die «Systemanalyse». Seit 1945 ist es möglich, Systeme zu konstruieren, deren Wirkkräfte sich gegenseitig stabil halten – sogenannte «geschlossene Systeme». Ein geschlossenes System entsteht, wenn irgendwelche Kräfte in sogenannter «Rückkoppelung» zusammenwirken. Dadurch werden sie innerhalb eines bestimmten Wirkungsfeldes gehalten, das sie nicht ohne Weiteres verlassen können. Ein ganz einfaches Beispiel dafür bietet ein Raumheizungssystem in einem Haus. Man setzt ein Minimum und ein Maximum, innerhalb derer das System arbeitet. Die Temperatur soll sich um einen bestimmten Punkt herumbewegen, auf den der Regler eingestellt ist. Steht er auf 21 °C, bleibt die Temperatur konstant zwischen 20 °C und 22 °C. Wenn die Temperatur um so viel ansteigt, dass sie 22 °C überschreitet, tritt die Rückkopplung des Heizungssystems aufgrund der überhöhten Raumtemperatur in Funktion, indem sie für kurze Zeit den Brenner abschaltet. Nähert sich die Temperatur der unteren Grenze, geht der Brenner wieder an.

Dieses ganz einfache System wird mittels Rückkopplung durch die Außeninformation (Zimmertemperatur) geschlossen, die ihm durch den Thermostaten vermittelt wird.

Man kann inzwischen weitaus kompliziertere geschlossene Systeme konstruieren. In gewisser Hinsicht stellen sie ahrimanische Imitationen lebendiger Organismen dar. In Ahrimans Reich ist das Geheimnis des Lebens das geschlossene System. Es orientiert sich am Funktionsschema der einfachen Zelle, die ihre eigenen Salze in sich halten kann, auch wenn man sie in Wasser mit Salzbeimengungen bzw. in Wasser ohne jegliche Salzanteile bringt. So etwas wie diese Zelle bezeichnet man als «stabiles System». Der Grad der Stabilität eines geschlossenen Systems hängt von dessen Bau ab. Dementsprechend ist die «Toleranz» größer oder kleiner. Gewisse Faktoren, die in ein System als Bestandteil eingehen, werden «Variablen» genannt. In unserem Heizungsbeispiel ist die Variable die Temperatur, die Feuchtigkeit dagegen spielt keine Rolle. Wenn man sich über die Wahl der Variablen eines Systems einig ist, kann man eine entsprechende Steuerungsanordnung konstruieren, die die Variable in das System integriert. Es gibt Systeme mit einer oder zwei, aber auch solche mit zehn oder zwanzig Variablen. Sie werden dann so kompliziert, dass man sie mit höherer Mathematik angehen muss. Spezialisten müssen eingeschaltet werden.

Man kann Systemen durch ihren Bau ein spezifisches «Verhalten» aufprägen. Ein geschlossenes System mit diesem oder jenem «Verhalten» – so der Fachterminus – kann erforderlich werden. Das sind dann «Input-Output-Systeme».

Schulen zum Beispiel kann man als Input-Output-Systeme

einrichten. Die Schule entspricht einem Heizungssystem, die Kinder den zu heizenden Räumen. Der Lehrstoff stellt sozusagen den Input der Schule dar usw. Die Input-Output-Systeme gehören zu den größten Errungenschaften, die Ahriman der Menschheit in den letzten dreißig Jahren beschert hat.

Wie wird so etwas in der Landwirtschaft eingesetzt? Da wird der Bestand der Felder als ein System angeschaut. Saatgut wird hineingelegt, Pflanzen kommen heraus – Welche Mineralstoffe werden von den Pflanzen aus der Erde aufgenommen? Bei der Erde findet ein Output statt, folglich muss es auch einen Input geben. Die Erde wird zum Input-Output-System – es muss entsprechend Kunstdünger zugeführt werden, um die verbrauchten Nährstoffe zu ersetzen. –

Schon seit Anfang des Jahrhunderts besteht in der Psychologie das sogenannte «Reiz-Reaktions-Modell». Eine Schule von Psychologen vertritt die Ansicht, dass der Mensch seinem Wesen nach ein geschlossenes System von Kräften darstellt. Am Anfang, beim Neugeborenen, ist dieses Kräftesystem noch ohne Inhalt. Ich erinnere mich an die Anfangszeilen eines der besten amerikanischen Werke über Sozialpsychologie: «Die Erziehungsfrage ist im Grunde das Problem, wie ‹Protoplasma› der Gesellschaft begegnet.» Das Protoplasma ist ein geschlossenes System. Daher wird der ganze Mensch als ein dementsprechendes Input-Output-System angesehen. Das heißt, dass erst etwas in ihn eingegeben werden muss, wenn später etwas herauskommen soll. – Diese Betrachtungsweise wird zum bestimmenden psychologischen Fundament des modernen Lehrgebäudes der Pädagogik. Da heißt es dann: «Das Kind wird als ein biologisches Wesen geboren, als ein geschlossenes Kräftesystem. Um bei ihm einen Output zu erhalten, muss ein Input vorausgehen!» So sagte schon John Locke (1632–1704): «Alles was im Menschen ist, ist durch die Sinne in ihn gekommen. Aus ihm kommt nichts, was nicht durch die Sinne in ihn hineingelangt ist.» Die ganze moderne Psychologie und Erziehungswissenschaft lebt im Grunde in lockescher Tradition.

Das Denken John Lockes folgt schon dem Prinzip des Input-Output-Modells. Wir begegnen ihm überall. Wir entdecken es an uns selbst und an unseren Denkweisen. Es ist wie eine Infektionskrankheit. Wir alle sind in der einen oder anderen Weise auch davon betroffen, wenn wir uns die Anthroposophie erarbeiten wollen. Wir müssen bis zum Letzten dagegen ankämpfen. Wenn wir es überwunden zu haben glauben, holt es uns auf einer höheren Ebene wieder ein. Wir fragen: «Was war der Input am Anfang, auf dem alten Saturn, und was wird der Output am Ende sein?» Wer von uns hat sich nicht schon gefragt, was aus der Menschheit geworden sein wird am Ende, dem Vulkan? Solche Fragen können nicht gestellt werden. Auf diesem Gebiet herrscht Freiheit. Selbst der höchste Eingeweihte kann nicht sagen, wie die Welt in zwanzig Jahren aussieht.

In den letzten zwanzig Jahren hat das Input-Output-orientierte Denken erkannt, dass es immer Kräfte und Variablen gibt, die außerhalb des Modells liegen. Die Feuchtigkeit ist eine Variable, die außerhalb des Modells unserer Heizung liegt. Wenn sie dennoch einen Einfluss haben, nennt man solche von außen hereinwirkenden Kräfte «Parameter».

Im Sinne des entsprechenden psychologischen Modells ist der Mensch völlig «leer», wenn er geboren wird, und erfüllt von Weisheit, wenn er stirbt. Aber in diesem Modell gibt es einen Parameter – das menschliche Ich, den geistigen Wesenskern. In «Reiz-Reaktions-Modellen» – auch sie sind nach Input und Output aufgebaut – funktioniert das geschlossene System so: «Ich habe Hunger. Ich muss essen. Ich bin satt. Ich habe wieder Hunger. Ich esse wieder etwas. Ich bin wieder satt …». In diesem geschlossenen System von Hunger, Essen und Sättigung ist das Ich ein geistiger Parameter, eine Kraft, die von außen in das Reiz-Reaktions-Feld hereinwirkt.

Die Parameter werden oftmals als störende Hindernisse angesehen, denn sie verderben das ganze schöne Modell. Es ist eben ein Mensch Grundlage dieses Modells. Ein Mensch kann sagen: «Ich bekomme Hunger. Ich möchte etwas essen. Aber zuerst werde ich diesen Brief schreiben.» Und er isst nicht. Er trotzt dem Hunger und tritt aus diesem geschlossenen Kreis heraus – denn von außen ist eine Kraft aufgetreten, die eine andere Qualität als die Innenkräfte zeigt. Solche Parameter sind die großen Störenfriede der heutigen System- und Modellkonstrukteure. Das zeigte sich in dem Beispiel im zweiten Vortrag: Volkswirtschaftler, die bei dem Aufbau eines Schulsystems in Nigeria beraten werden wollten. Wie viel würden sie in die Bildungsarbeit investieren müssen, wenn sie eine bestimmte Anzahl von Menschen allmählich auf Volksschulniveau bringen wollten, andere zur höheren Schulbildung und einige schließlich bis zur Universitätsreife? Es ging ihnen nicht im Geringsten um die Lehrmethoden. Nur auf die Investitionen kam es an. Lagen alle Fakten vor, gingen sie durch die übliche Datenverarbeitung. Schließlich hatte man ein Modell des Verhältnisses der Investitionen zum «Output» an qualifizierten jungen Kräften.

Es gibt auf diesem Gebiet jedoch einige Parameter. Man spricht hier von «kulturbedingten Hindernissen». Beispielsweise gilt in manchen Kulturen der Grundsatz, dass ein Intellektueller nicht arbeitet – ein gefürchteter Störfaktor in den Investmentmodellen.

Ich brachte eine andere Erfahrung zur Sprache, die ich im Osten gemacht hatte: «Wenn Sie in dieser Art das Erziehungswesen eines Landes finanzieren, wird sich dort eine

Gruppe junger, einheimischer Akademiker bilden. Diese Leute werden einmal zur Kerngruppe einer Revolution, denn sie haben ein Universitätsstudium hinter sich und müssen dann in einer Kulturumgebung arbeiten, die ihnen nicht das angemessene Arbeitsniveau bieten kann. Da sie erkennen, dass alles ganz anders geht, als sie es sich vorstellen, werden sie die revolutionären Führer der nächsten Generation. – Das wird ein großer Störfaktor für Ihre Investitionsmodelle werden.» – »Sagen Sie uns bitte, wie viel Geld wir da hineinstecken müssen, um diese Probleme zu lösen.» – «Mit Geld kommen Sie hier nicht weiter. Nur, wenn Sie Menschen dorthin schicken, deren Herz wirklich für diese Kultur und ihre Nöte schlägt, können Sie etwas erreichen. Die Kultur selbst muss weitergebildet werden! Solche Veränderungen müssen eine ganze Generation miteinbeziehen, in einer solchen Weise, dass Erziehung von der Kulturgrundlage selbst ausgeht und nicht von außerhalb kommt.» – «Das sehen wir ein. Wie viel würde das kosten?» Ich antwortete: «Warum denken Sie immer in Geld? Warum überlegen Sie sich nicht, welche Methode der Erziehung und Bildung den Menschen in Nigeria helfen kann, auf das Niveau der Bewusstseinsseele zu kommen?» – Statt «Bewusstseinsseele» gebrauchte ich in diesem Fall ein anderes Wort. «Das ist unmöglich», war die Antwort. «So etwas hat keinen Platz in unserem Modell.» Das Modell war auf das Geld abgestimmt, so wie das Heizungssystem auf die Temperatur. Sie wollten alles unter den Nenner «Geld» bringen. Ich habe die Sache hier vereinfacht geschildert. In Wirklichkeit handelte es sich um ein recht spannungsreiches Gespräch. Man wurde mir gegenüber ziemlich unangenehm, weil ich ständig Variablen und Parameter ins Spiel brachte, denen durch Geld nicht beizukommen war.

Das Input-Output-Denken hat die Tendenz, alle nur erdenklichen Probleme immer auf einen Hauptfaktor, eine Variable reduzieren zu wollen. Die in dieser Weise Denkenden sind keineswegs einfach als primitive Menschen zu bezeichnen, die nur an Geld denken. Es sind wissenschaftliche Assistenten an Universitäten, Mathematiker und andere gebildete Menschen, die selbst nur wenig Geld mit ihrer Arbeit verdienen. Aber sie sagen: «Wir wollen mit unserer Arbeit der Lösung sozialer Probleme dienen. Um das wirklich leisten zu können, müssen wir Modelle schaffen.»

Einer meiner Kollegen ist ein berühmter Mann. Es wurde ihm eine Professur in den Vereinigten Staaten angeboten. Er sagt Folgendes: «Wir sind jetzt so weit, dass wir das gesamte Wirtschaftsleben der Menschheit auf fünf variable Hauptfaktoren zurückführen können. Damit können wir das Wirtschaftsleben der ganzen Welt steuern.» Ich antwortete ihm: «Glückliche Welt! Wir dürfen froh sein, dass die Welt Sie aufgefordert hat, sich dieser Sache anzunehmen, denn jetzt kann das Wirtschaftsleben nach ihrem Modell in Idealform verlaufen! Allerdings werden Sie rasch entdecken, wie viele Parameter es gibt, mit denen Sie nicht gerechnet haben!»

Zu Rudolf Steiners Zeiten, um 1920, war noch keine Rede von dieser Art von Problemen, die solche Modelle aufwerfen. Man sah darin gar keine soziale Fragestellung von Belang. Heute sind sie ein Problem erster Ordnung. Wenn wir heute ein Modell auf sozialem Gebiet ausarbeiten, müssen wir bewusst die Wahl treffen, welche Faktoren und Variablen wir miteinbeziehen. Wir können den Materialismus auf diesem Gebiet nur überwinden, wenn wir die Betonung auf die Parameter legen. Man könnte auftreten und den Leuten erklären, dass ihre Modelle falsch seien. Aber innerhalb des Umkreises bestimmter Variablen können sie ganz richtig sein. Da ist nicht an ihnen zu rütteln. Nur indem man auf Parameter hinweist, die von einer anderen Ebene aus hereinwirken, kann man hier einen hilfreichen Beitrag leisten.

Im Gespräch mit Psychologen lockescher Tradition versuchte ich, den Parameter des Ich und der Freiheit des Individuums in die Diskussion zu bringen. Das sind für sie schreckliche Parameter. Denn aus der Freiheit des Ich kommt die Kraft der freien Wahl, des freien Entschlusses. Sie verdirbt immer das Modell. Das Ich ist der große Revolutionär auf sozialem Gebiet.

Unser Astralleib ist seinem Wesen nach eigentlich ein ätherisch-astralisches Gebilde, ein Modell gleichsam, in welcher eine große Zahl von Kräften eingegliedert ist, die größtenteils automatisch tätig sind. Dieses Gebilde ist ein geschlossenes System. Dann tritt ein Parameter auf den Plan, das menschliche Ich, und benutzt dieses Modell für ganz anderes, als wofür es ursprünglich geschaffen war. Es verändert das Modell, indem es das System aus seiner Bestimmtheit durch das Modellschema herauslöst.

Zur Überwindung des Materialismus in der Agrarwirtschaft im Sinne einer biologisch-dynamischen Landwirtschaft können wir beitragen, wenn wir darauf hinweisen, dass bei der Input-Output-Methode, die die chemische Düngung bedingt, gewisse Kräfte nicht in das Modell miteingehen. Die Kunstdünger sind der Input, die Pflanzen der Output – doch was ist mit den kosmischen Kräften, die außerhalb des Modells bleiben?

Ein anderes Beispiel sind die unter rhythmischen Prozessen hergestellten Heilmittel. Die Homöopathie kann nicht mit dem Prinzip von Input und Output erschlossen werden. Die Kritiker sagen: «Man muss etwas hineingeben, was dann wieder zum Vorschein kommt. Sie aber fügen nie etwas Neues hinzu. Sie verdünnen ein Substanzquantum im Verhältnis eins zu zehn und dann weiter. Allmählich verschwindet die Substanz, und nichts als Wasser bleibt übrig.»

Will man diesem Argument entgegentreten, muss man

auf den Parameter «Rhythmus» hinweisen. Rhythmen haben eine Wirkung auf Heilmittel. Der Rhythmus ist ein Faktor, der von außerhalb des Input-Output-Systems kommt. Wenn man sich nicht lange und tiefgreifend mit Wesen und Wirkung der Rhythmen auseinandergesetzt hat, wird man die materialistische Betrachtungsweise unserer Heilmittel nicht entkräften können. – Soll das soziale Leben geheilt werden, müssen diese Systemerschaffer selbst Heilung empfangen.

Das menschliche Ich tritt als selbstständiges Agens im psychologischen Modell auf. Physischer, ätherischer und astralischer Wesensaspekt des Menschen können Gesetzen unterworfen sein, die ein geschlossenes System schaffen; aber da tritt das Ich auf den Plan, verbunden mit seinem Karma, seinen eigenen Zielsetzungen und Möglichkeiten. Es kommt aus einer anderen Welt, die außerhalb des Systems liegt, als das sich der Mensch darstellen lässt, wird er nur vom Astralleib her angesehen. Entwicklung individueller Freiheit und Freiheit der Wahl liegen außerhalb des Reiz-Reaktionsfeldes und außerhalb des Input-Output-Modells der Welt überhaupt. In der Welt der Modelle hat der Mensch durch sein Ich die Wahlfreiheit, neue Variablen und Faktoren von außen hereinzutragen.

Eine große Gefahr tritt selbst dann auf, wenn wir uns um ein Verständnis der Aussagen Rudolf Steiners bemühen. Ich selbst habe täglich mit ihr zu kämpfen: Auch die Idee der «Dreigliederung des sozialen Organismus» können wir leicht als ein geschlossenes System auffassen. Alles verläuft dann schön modellgerecht. Wenn die Menschen dieses prächtige Dreigliederungsmodell nur annehmen wollten, dann würde alles so laufen, wie es eigentlich laufen sollte.

Solange wir so denken, denken wir noch im Sinne Ahrimans und seiner Modellwelt. Im sozialen Lebensbereich ist ein großer Parameter wirksam, der von weit draußen herkommt – das ist Christus. Christus tritt auf und schenkt uns die Möglichkeit, freie Menschen zu werden. In der sozialen Sphäre zeigt sie sich in der Kraft der Liebe. Sie kann den Systembildnern zum Hindernis werden, denn sie ist eine Kraft, die außerhalb aller wirtschaftlichen und gesellschaftlichen Systeme lebt, und sie macht das Unmögliche möglich. – Die Liebe bringt ein Element ins Spiel, das nicht berechenbar ist.

Das ahrimanische Denken spricht: «Soundso viel wird der Einsatz von Menschen kosten, die Liebe in sich tragen.» Doch Liebe lässt sich nicht erkaufen. Der Mensch kann aus der Freiheit leben, er kann Liebe aufbringen – und das ganze System wird verändert. Die einzige Möglichkeit zur Evolution innerhalb dieser Welt automatischen Wachstums liegt im Hereinführen der *neuen Kraft*, die von außen kommt, der Liebe. Die Liebe ermöglicht das Arbeiten auf sozialem Felde.

Ein erster Schritt besteht im Aufnehmen des Dreigliederungsgedanken im Sinne einer Imagination ewiger Ideen. Wir treten in den Bereich der Imagination schon ein, wenn wir lebendige Vorstellungen mit dem bilden, was Rudolf Steiner uns als Ideen vermittelte, die Ewigkeit in sich tragen; Ideen, die aus dem großen Mysterium der Trinität hervorgehen, wie sie in der Gestalt der dreifach gegliederten Gesellschaft zum Ausdruck kommt. Wenn wir dann aber dazu übergehen wollen, einen der vielen möglichen Aspekte eines echten dreigegliederten Gesellschaftslebens zu verwirklichen, glückt uns das nur, wenn wir aus den Kräften der Inspiration schöpfen. Das bedeutet, dass wir «inspiriert» sein müssen – etwas kommt von außen her und verbindet sich mit dem, was wir tun.

Es ist das menschliche Ich. Im Ich des Menschen ist die Kraft des Christus wirksam. Sie bringt die Kraft der Liebe. Dies kann unser ganzes Modell verändern.

Auf ein anderes Niveau kommen wir, wenn es darum geht, mit dem aus der Dreigliederung gewonnenen Vorgehen an Aufgaben in der Welt heranzutreten. Da kommt es auf unser Tun an. Wir können hier nur etwas tun, wenn es aus der Kraft der Intuition geschieht. «Intuition» besagt, dass in mein Ich etwas hineinströmt, was in die Zukunft strebt.

Großen Gefahren sind wir gegenwärtig ausgesetzt, während wir versuchen müssen, die Dreigliederung zu denken und zu leben, wie es uns Rudolf Steiner gelehrt hat. Eine Gefahr liegt in dem Einfluss Luzifers, der auf diejenigen Menschen wirkt, die für die heutigen hierarchischen Zentralisierungen verantwortlich sind. Luzifer strebt danach, auf das Sozialwesen einzuwirken mit der Absicht, ein bürokratisches System von Regelungen zu schaffen, die alle von einem zentralen Punkt ausgehen. Dagegen kämpfte Rudolf Steiner in den beginnenden Zwanzigerjahren an. Damals kam eine neue Denkungsart über die Menschen. Man schuf lückenlose Modelle eines zentralisierten, maschinenhaft-reibungslos funktionierenden Gesellschaftslebens, wie ein Ameisenhaufen.

Und auch die andere Kraft gilt es zu bekämpfen. Wir müssen den ahrimanischen Modellbauern einer Zukunft entgegentreten, die in den Zwanzigerjahren noch nicht da waren. Sie kommen noch hinzu zu denen, die Regelungen aus alten Traditionen heraus schaffen, und auf dieser Seite ist der Kampf weitaus härter und schwieriger zu führen – der Kampf gegen die Modellmacher der modernen Welt. Ihr Modelldenken ist der größte Feind des Dreigliederungsdenkens.

Im Vergleich zu dem, was die Modellbauer heute erreichen können, ist alles, was die für die zentralistischen Regelungen Verantwortlichen tun, wie ein Kinderspiel. Wir können uns kaum vorstellen, was jetzt und in naher Zukunft durch die Tätigkeit dieser Modellkonstrukteure in unser Gesellschaftsleben einbrechen wird. Die Menschen werden gezwungen sein, sich in Modellsysteme einzugliedern in Fabriken, Verwaltungen und Schulen bis hinein in die Gestaltung des Lehrstoffes. Sie werden uns Modelle vorsetzen für alles, was wir tun sollen, und die Modelle werden im Prinzip immer auf zwei Faktoren abgestimmt sein. Der eine ist Geld, der andere Macht.

Wir haben es also mit einem ganz neuen Szenario zu tun, das zu demjenigen, das Rudolf Steiner vor Augen hatte, noch hinzugekommen ist.

Rudolf Steiner hat eine ganze Reihe praktisch anwendbarer, vernünftiger sozialer Begriffe ausgearbeitet, die in seinen Vorträgen und Büchern zu finden sind. Es herrschten damals Spannungen, durch den aufkommenden Sozialismus und eine Tendenz zur gesellschaftlichen Reglementierung. Heute jedoch gilt es, noch eine andere Macht abzuwehren, die viel tiefer in unser persönlichstes Privatleben eingreifen wird; die uns anhält, alles einem Modell entsprechend zu tun. Wir werden essen, Kinder kriegen, erziehen, Schulen bauen und Steuern zahlen – alles nach Modell, heute «Planung» genannt.

Wir können diese Bestrebungen nur überwinden, wenn wir sie uns bewusst machen und uns darüber klar werden, wo überall in Wissenschaft, Psychologie, Wirtschaft und Politik diese Leute sitzen. Wenn wir uns das wirklich bewusst machen, können wir wissen, dass wir sie niemals auf ihrem eigenen Gebiet bekämpfen können. Ahriman ist viel zu intelligent.

Man kann aber eines tun. Ganz am Schluss, wenn einem ein ganz scharfsinnig konstruiertes Modell präsentiert worden ist, muss man auf die Kräfte hinweisen, die von draußen kommen. Verweisen Sie auf die entsprechenden Parameter. Wenn es um Menschen geht – verweisen Sie auf das Ich.

Betonen Sie die Rolle des Rhythmus als einer Realität, wenn es um medizinische oder biologisch-dynamische Fragen geht.

Bei allem, was vorbestimmt und modellhaft ist, angesichts aller Systeme, die in den kommenden Jahren das Leben in starre soziale Schablonen zwängen wollen – weisen Sie da mit Nachdruck auf den Parameter der Liebe hin.

8. Dem 21. Jahrhundert entgegen!

Das Leben des Christus schrieb einen neuen Rhythmus in die Erde ein. Es ist ein Rhythmus von 33 Jahren. Das entspricht der Zeit zwischen der Geburt in Bethlehem und dem Golgatha-Oster-Geschehen. Dieser Rhythmus des Erdenlebens Christi lebt im sozialen Tun des Menschen von heute. Immer deutlicher zeigen sich seitdem in der Entwicklung durchchristete Willensimpulse, die in den sozialen Lebensprozessen der Menschen unter diesem Rhythmus wirksam sind: Etwas, das jetzt im Willen lebt, zeigt sich später, gleichsam von außen kommend, in einer Art «Auferstehung» – Rudolf Steiner spricht immer wieder über diesen Rhythmus, der ein Drittel eines Jahrhunderts umfasst. Auch bei Nicht-Anthroposophen kennt man diese Tatsache mittlerweile.

Die alten vorchristlichen Mysterien waren Mysterien der Weisheit und der Schönheit; die neuen Mysterien sind solche der Liebe und der Entwicklung – Mysterien des Willens, Mysterien des Herzens.

Blicken wir zurück. Was ist in der Welt geschehen im ersten Drittel des 20. Jahrhunderts? Da stand ein großer Eingeweihter der Menschheit vor aller Augen in der Wirkenssphäre der Sonnenmysterien – Rudolf Steiner. Der Kunst, all dem, was auf Entwicklung wartete, gab er Erneuerungsimpulse. Nur ein kleiner Kreis von Menschen verband sich mit diesen ersten Anfängen eines neuen Zeitalters, indem er Grundlagen erarbeitete, Gründungen vornahm, erste Ansätze schuf in dem Bestreben, mit diesen Impulsen etwas zu tun.

Das zweite, mittlere Drittel des Jahrhunderts begann Ostern 1933. Vor der anthroposophischen Bewegung, die nun auf sich selbst gestellt war, lag die Aufgabe, sich zur Trägerin der neuen Sonnenmysterien zu bilden. Sie sollte fähig sein, mit den Kräften des ätherischen Christus in die Nöte der Menschheit hereinzuwirken. Dies sollte das entscheidende Geschehen des 20. Jahrhunderts sein. Und wir waren hier.

Es war *unsere Aufgabe*, dieses Geschehen als Wirklichkeit in unsere Herzen aufzunehmen und damit während dieses zweiten Drittels zu leben und zu arbeiten.

In dem Jahr, das der «Weihnachtstagung» folgte (1924), hielt Rudolf Steiner zwei Vortragsreihen für junge Ärzte und Medizinstudenten. Er stellte ihnen die Aufgabe, eine kurze Beschreibung der Welt zu liefern, wie sie nach ihren Vorstellungen im Jahre 1935 aussehen würde. – Sie führten sie aus, so gut sie nur konnten. Rudolf Steiner war sehr betrübt über ihre Antworten, die zwar in schöner Weise auf Entwicklung und Einsatz positiver Kräfte eingingen, im Hinblick auf das Wirken der Gegenmächte aber völlig blind waren. Die Kräfte, die sich einem solch bedeutsamen Ereignis wie der Erscheinung des ätherischen Christus entgegenwarfen, bezogen sie nicht mit ein in ihr Bild. Sie hatten nicht damit gerechnet, dass die Kräfte der Finsternis sich nicht etwa schweigend und abwartend verhalten würden; diese schlossen sich vielmehr zusammen, um die Menschen von der bevorstehenden Wahrnehmung des ätherischen Christus abzubringen. Im Jahr 1924 waren die jungen Menschen erfüllt von Begeisterung für die damaligen anthroposophischen Initiativen und setzten sich in positiver Weise persönlich dafür ein. Nur eines vergaßen sie: die Mächte der Finsternis. Darin liegt ein großes Versagen der anthroposophischen Arbeit im zweiten Drittel des 20. Jahrhunderts. In der rechten Weise können wir in das letzte Drittel des Jahrhunderts nur dann eintreten, wenn wir den Mut haben, die Dinge wachsam und objektiv anzuschauen.

Betrachten wir also das zweite Drittel. Die Mächte der Finsternis wussten, dass der Christus in der ätherischen Welt wiedererscheinen würde. Sie schufen Tumult und zogen die Menschheit derartig in ihren Bann, dass sie nicht mehr wahrnehmen konnte, was sich in Wirklichkeit abspielte. Im Februar 1933 gelangte Adolf Hitler an die Macht. Durch den Zauber, den er veranstaltete, war man gleichsam gebannt, gleichwie sich kleine Vögel im Blickstrahl einer Schlange nicht mehr rühren können.

Nach Rudolf Steiners Tod erwiesen sich innerhalb der Anthroposophischen Gesellschaft die Einheit wahrenden Kräfte als zu schwach. Die Gesellschaft zerfiel und stand ihren Aufgaben wie gelähmt gegenüber. Zwar konnten kleine Gruppen noch weiterarbeiten, so gut es eben ging, und versuchen, daraus das Beste zu machen. Da schlugen manche Herzen in Wärme für die geistige Wirklichkeit. Allein wir müssen diese Zeit, wenn wir sie rückblickend zusammenfassen, wahrheitsgetreu charakterisieren.

Aber warum sprechen wir das alles aus? Warum gehen wir nicht großzügig darüber hinweg und schweigen? Deshalb, weil jetzt (1965), im letzten Drittel, neue Kräfte am Werk sind und neue Möglichkeiten für ein Zusammenkommen bestehen. In den anthroposophischen Zusammenhängen leben solche Impulse! Das ist ein positiver Aspekt.

Es leben aber in der Kultur der Welt, die uns umgibt, noch andere Kräfte. Der letzte Teil dieses Jahrhunderts kann auf zwei Arten angeschaut werden. Er kann sich als derjenige Zeitraum darstellen, in dem der große Kampf zwischen Ahriman und Michael einen Höhepunkt erreichen wird. Um ein positives Bild vor Sie hinzustellen, möchte ich noch einmal auf das eingehen, was ich am Beginn des zweiten Vortrages geschildert habe. Rudolf Steiner schrieb in den Jahren nach 1920 Briefe an die Witwe eines gegen

Ende des Ersten Weltkrieges verstorbenen Mitglieds. Darin gab er ihr Ratschläge für das Leben mit dem Verstorbenen. Er beschrieb ihr, was im Bewusstsein ihres verstorbenen Mannes lebte. Diese Briefe sind erhalten. Durch eine Gunst des Schicksals lernte ich die Tochter dieser Witwe kennen, die mir Teile daraus vorlas.

Rudolf Steiner schildert da, wie derjenige, der durch die Pforte des Todes gegangen ist, «erwacht» und auf die Erde zurückblickt. Dabei kommt es u.a. zu folgender Imagination: Ahriman sitzt in einer unterirdischen Grotte. Er ist damit beschäftigt, alles Mögliche niederzuschreiben, wobei er fortwährend zählt und rechnet, zählt und rechnet. – Er versucht, mittels einer neuartigen Mathematik eine ganze Welt zu erbauen. Doch neben ihm – so schildert es Rudolf Steiner – steht Michael, abwartend. Denn er weiß: Er wird schließlich die Summe ziehen.

Dieses Bild kann uns eine Hilfe sein in diesem letzten Jahrhundertabschnitt – der ohne Unterlass zählende und rechnende Ahriman, wie er die schönsten berechenbaren Weltmodelle ersinnt; und ihm zur Seite Michael mit dem Schwert, wie er geduldig wartet, bis er seine Bilanz ziehen wird. Noch ist dieser Augenblick nicht gekommen. Er wird so handeln können, wenn er hier auf der Erde die Menschen findet, die bereit sind, ihm zu folgen und für ihn zu kämpfen.

Wie trägt Ahriman seine Gedanken in die Welt hinein? Betrachten wir einmal ein bestimmtes Gebiet – die Welt der Werbung, der Reklame. Folgender Artikel erschien am 5. August 1965 in der *New York Times* als große Jubiläumsannonce einer Firma, die gerade *dreißig* Jahre bestand!

Mit dem nächsten Jahr hält das letzte, unser Jahrhundert beschließende Drittel seinen Einzug. Über dieses Jahrhundert können wir nur Eines mit Gewissheit aussagen: Es wird sich von allen vorausgegangenen so gravierend unterscheiden, dass wir es uns kaum vorstellen können. Sein mittlerer Abschnitt, der etwas mehr als eine Generation umspannt, geht seinem Ende zu. In diesen dreißig Jahren sind in der Welt mehr fundamentalste und weitreichende Veränderungen eingetreten als in den letzten dreihundert Jahren. Das Zeitalter der Veränderungen stellt ein deutliches Markzeichen in der Geschichte der Menschheit dar. Für dieses Zeitalter ist nicht nur charakteristisch die Tatsache, dass so viele Veränderungen aufgetreten sind, sondern auch das sich stets beschleunigende Tempo, mit dem sie aufgetreten sind – ein Tempo, das wir uns nie hätten träumen lassen. Wir alle kennen die bedeutungsvollen Ereignisse der letzten dreißig Jahre, die Weltwirtschaftskrise, der Zweite Weltkrieg, Entstehung und Aufstieg neuer Staaten, die Kämpfe um die Weltmacht, der allgemein zunehmende Überfluss und schließlich die technische Revolution im Produktions- und Vertriebswesen im Zuge dieser einschneidenden Ereignisse.

Noch drastischere, ja vielleicht noch einschneidendere Umwälzungen spielen sich im gegenwärtigen Zeitpunkt ab. Die Wachstumsrate der Weltbevölkerung hat sich in diesem zweiten Drittel des Jahrhunderts – in einer Generationsspanne also – verdoppelt … Sieben von zehn Medikamenten waren vor dreißig Jahren noch nicht bekannt. Damals hatte nur eine Farm von zehn einen Anschluss an die allgemeine Elektrizitätsversorgung. Wir waren noch vorwiegend ein Agrarstaat. Heute übertrifft die Stadtbevölkerung die Landbevölkerung an Zahl. Nur 10 Prozent unserer Bevölkerung befriedigen unseren Bedarf an landwirtschaftlichen Erzeugnissen ... Der Bevölkerungsschwerpunkt der USA hat sich stetig nach Westen verlagert. Heute liegt er unweit der Stadt Centralia/Illinois. Mit der Bevölkerung haben sich unsere Macht- und Vermögensballungen entsprechend bewegt.

Es hat sich die großartigste Explosion des Wissens seit Menschengedenken abgespielt. Man weiß heute viermal so viel wie im Jahre 1935, und in den kommenden fünfzehn Jahren werden die Wissenschaftler ein Wissen zusammengetragen haben, das so groß ist wie dasjenige der ganzen bisherigen Geschichte. Allein seit 1950 sind so viele wissenschaftliche Arbeiten erschienen wie in allen früheren Jahrhunderten zusammen. Etwa 60.000 Produkte wurden im letzten Jahr in die USA eingeführt. Vor zehn Jahren waren es nur 2000, in den ersten Dreißigerjahren nur einige Hundert.

Das Leben ist für Millionen Menschen unsagbar viel leichter geworden. Die rein körperlichen Lebensbelastungen sind heute dermaßen reduziert, dass Leib und Geist für mehr Kultur- und Freizeitbetätigungen freigeworden sind, als man es noch vor einer Generation hätte hoffen dürfen. Unser Bruttosozialprodukt hat sich in dreißig Jahren mehr als verdoppelt. Unser Mittelstand wird ständig größer – dort besitzen immer mehr Menschen mehr als je zuvor.

Unsere Vorstöße in den Weltraum sind dramatische und atemberaubende Unternehmungen.

Die Technik kann uns außerdem Mittel liefern, durch die wir auf der Erde in Frieden zu leben vermögen, vorausgesetzt, es gelingt uns, alte Feindschaften, Rivalitäten und Ängste in den Griff zu bekommen. Neuartige Ernährungsprodukte, neue Energieformen, Neuentwicklungen in der Computer- und Automatentechnik – in alldem wird sich das letzte Drittel unseres Jahrhunderts als Blütezeit des menschlichen Geistes erweisen.

Eine Herausforderung liegt vor uns, wie sie noch nie da war. Vielversprechende wie auch bedrohliche Aussichten bestehen. Unser Griff in die Zukunft kann kreativ und produktiv sein, wenn er sich gegen Profitstreben und Krankheit, gegen Vorurteile und Unwissenheit richtet, gegen jene finsteren Elemente unserer Natur, die Mensch gegen Mensch, und Volk gegen Volk aufhetzen. Wohin uns dieses letzte Drittel führen wird, kann noch niemand sagen, aber wir wissen wohl, dass uns heute sowohl Wissen und Instrumente als auch das wissenschaftliche und industrielle Potenzial zur Verfügung stehen, mit denen wir die Welt in eine Verfassung bringen können, die besser ist als je zuvor – oder schlimmer als je zuvor.

Der Philosoph Alfred Whitehead, einer der führenden Köpfe unseres Jahrhunderts, äußerte kurz vor seinem Tode einmal Folgendes: «Das ist die Kunst des Fortschritts – im Veränderlichen die Ordnung zu bewahren und in der Ordnung für stete Veränderung zu sorgen.» Wir beten darum, dass das bevorstehende Zeitalter der Veränderungen mit all dem Unbekannten, das es in sich birgt, kommen möge im Zeichen der Ordnung, der Liebe, des kühlen gesunden Menschenverstandes, derer die Welt in den vor uns liegenden Jahren so dringend bedarf.

Das ist also Werbung. Das ist Ahrimans Wirkungsmittel. Er verbreitet in diesen Anzeigen geistige Wahrheiten auf seine Weise. Was er sagt, ist die Wahrheit. Wir haben hier eine Art, wie man das letzte Drittel des Jahrhunderts betrachten kann, im Hinblick auf Explosionen des Wissens, der neuen Möglichkeiten, der Weltbevölkerung.

Nun können wir ein anderes Bild wählen. Was sagt Rudolf Steiner über das letzte Drittel? Er gab uns die Schilderung der Michaelschule, die seit 1500 diejenigen Menschen vorbereitet, die in den neuen Sonnenmysterien zu stehen vermögen. Die gesamte Michaelschule wird gegen Ende des Jahrhunderts auf die Erde kommen; die großen Lehrer von Chartres und all die Menschen, die die Schulen Platons besuchten, sowie die großen Dominikaner, die aus den Schulen des Aristoteles kommen. Sie werden, als Parameter, innerhalb unserer Kultur neue Kräfte einsetzen, die außerhalb der Modelle bleiben, die Ahriman erschafft.

Ahriman baut seine Modelle nur mit denjenigen Kräften, die er darin einbeziehen möchte. Die Michaelkräfte sind von anderer Qualität und bleiben außerhalb des Modells. Sie sind Faktoren, die das schöne Modell durcheinanderbringen. Durch Reklame, durch Werbung will Ahriman uns erzählen, dieser letzte Jahrhundertabschnitt werde eine Zeit der erstaunlichsten, positiven irdischen Möglichkeiten – ein Paradies auf Erden. Wir wissen, dass sich in diesem wunderbaren Modell Parameter ganz eigener Qualität zeigen werden – durch diejenigen Menschen nämlich, die durch die Michaelschule gegangen sind und nun, während des letzten Abschnitts, auf die Erde herunterkommen werden. Sie werden Kräfte mitbringen, mit denen Ahriman nicht gerechnet hat, Kräfte, die außerhalb dessen liegen, was er vorausbedacht hat. Die Kraft der Liebe ist ein Parameter in Ahrimans Welt; sie wirkt als Störfaktor in sein Modellbauen hinein. Genauso verhält es sich mit der Kraft des Lichts. Die echten Merkurmysterien versuchten, die Finsternis bis zur Verwandlung in Licht zu bringen.

Wer im letzten Jahrhundertdrittel im Dienste der Michaelschule steht, wird, nach Rudolf Steiners Voraussage, nicht allein in einer Welt des klaren Lichtes, des reinen Denkens leben. Er wird in einen Strudel von ahrimanischen, luziferischen und Christus-Licht-Kräften eintauchen und durch ihn hindurch seinen Weg finden müssen. Woher bekommt er Hilfe?

Wir helfen Michael bei seinem Kampf gegen Ahriman dadurch, dass wir uns die Geisteswissenschaft im Studium erarbeiten. So kann Michael Ahrimans Formeln und Rechnungen überwinden. Dies ist der erste Schritt: die Welt kennenlernen, die Welterscheinungen studieren, ein Weltbewusstsein entwickeln. Michael möchte, dass Erkenntnis allen Menschen gleichermaßen zugutekommt. Erkenntnisse, die nur einer begrenzten Gruppe dienen, sind nicht in seinem Sinn. Deswegen ist es wichtig, dass wir uns in die Welt hineinbegeben, um sie richtig kennenzulernen. Wir müssen Gruppen bilden, die sich objektive Aufgaben in der Welt stellen, Ziele setzen, die außerhalb der Gruppe selbst liegen. Vieles, was wir tun, ergibt sich mit Notwendigkeit aus unserem alten Karma. Wir müssen aber auch Taten tun, durch die wir etwas in die Welt hineintragen, das nicht aus Notwendigkeit zu geschehen hat, nicht an altes Karma gebunden ist. Das sind freie Taten, die der Zukunft dienen. Wir müssen den Mut entwickeln, aus Geisterkenntnis zu handeln.

Zum Beispiel Schulen gründen, aber auch schon Begonnenes erhalten und ausbauen.

Im Rahmen des Modells, das Ahriman uns Tag für Tag werbend präsentiert, werden wir die Kräfte nicht finden, durch die wir in den kommenden Jahren Schwierigkeiten auszuhalten und eine Sonnenwelt innerhalb unser Gesellschaft zu schaffen vermögen. Denn das ist unsere Aufgabe: die Schaffung kleiner Zentren einer Sonnenwelt inmitten unserer Gesellschaft.

Außerhalb des Weltmodells, das Ahriman durch Werbung verbreitet, lebt eine Welt des Lichts, dessen Schein bereits in die finsteren Grotten Ahrimans dringt. Schon ist er geblendet und wird unsicher. Und er wird schließlich an die Erdkräfte gefesselt werden, in denen er zu Hause ist.

Wir müssen die Lichtkräfte in unserem Denken zu finden

suchen. Wir müssen unser Fühlen öffnen für das Leid und die Not in der Welt, für ein Mitleiden an der Welt. Der ätherische Christus schafft Keimkräfte, mit denen wir in die beängstigenden Verhältnisse der letzten Jahre des Jahrhunderts, wie sie Ahriman schaffen wird, eintreten können. Sie werden jedoch nur für diejenigen ohne Licht sein, die unter dem Zauberbann Ahrimans stehen. Diejenigen Herzen, die für Michael schlagen, kann nichts in der Welt vollständig lähmen. Da gibt es keine Apokalypse ohne Hoffnung.

Viel Arbeit bleibt zu tun – Licht muss gefunden werden.

Interview mit Bernard Lievegoed

geführt von Ramon Brüll

Mythos Lievegoed: Er war jahrzehntelang Vorsitzender der Anthroposophischen Gesellschaft in den Niederlanden, Arzt, Psychologe, Heilpädagoge, Begründer des berühmt-berüchtigten NPI, dem Institut für Organisationsentwicklung, das Betriebe aller Art berät und in ihrer Entwicklung begleitet. Lievegoed ist Autor zahleicher Bücher, zählt eine Reihe von bedeutenden Spitzenkräften der Wirtschaft zu seinen Freunden und hat gleichzeitig eine zentrale Rolle beim Aufbau etlicher anthroposophischer Institutionen gespielt. Eine Gründerfigur, die sich nie scheute, unbequeme, eigensinnige Gedanken zu vertreten, die außer Verständnis auch Unverständnis erntete und mit den Gründungen des NPI, des heilpädagogischen Heimes «Zonnehuis», der Vrije Hogeschool und anderen Einrichtungen äußerst erfolgreich war. Ramon Brüll sprach 1990 mit dem damals fünfundachtzigjährigen Professor in Zeist/Niederlande. Das Interview erschien zuvor in der Zeitschrift *Info3* (Ausgabe 11/1990).

Herr Lievegoed, womit beschäftigen Sie sich zurzeit?
Die Frage, wie die Rassentrennung überwunden werden kann beschäftigt mich, denn das steht an. Die Zeit der Trennung ist vorbei, sie war gar nicht beabsichtigt, sondern ist das Werk Luzifers. Die Rassen hätten Durchgangsstadien sein sollen, Entwicklungsphasen, die nicht nebeneinander, sondern nacheinander durchlaufen werden. Stellen Sie sich das beim einzelnen Menschen vor: Wenn er hier hereinkommt, geht auch nicht ein Dreißigjähriger, ein Zwanzigjähriger, ein Jüngling und ein Kind hinter ihm her, sondern er hat diese Phasen alle durchlaufen und sie hinter sich gebracht.

Diese Auffassung hat natürlich zu wütenden Reaktionen geführt, wenn man interpretiert, die Schwarzen seien vergleichbar mit dem Kleinkindalter. Man vergisst dann aber, dass der Mensch in jeder Phase seiner Entwicklung vollständig Mensch ist und die Charakterisierung etwa eines Babys keine Abwertung darstellt. Das Baby hat noch alle Entwicklungsmöglichkeiten.

Historisch kann man sehen, dass im alten Atlantis zunächst die Stiermenschen angelegt wurden, dann der mittlere, rhythmische Mensch, das sind die Ur-Rassen, danach, mehr im Westen, die Tolteken, das sind die Adler-Menschen. Danach erst wurde im Ur-Turanier, der alle vorhergehenden Aspekte in sich vereinigt, das Viergetier veranlagt. Dort tritt das Ich des Menschen auf, und Ahriman versucht sofort, es egoistisch zu machen – was ihm gelingt. Diese Phasen sollten also nacheinander durchlaufen werden, aber sie werden durch Luzifer fixiert. Es gibt aber noch eine zweite Differenzierung, jetzt in der geistigen Entwicklung der Atlanter, nach den Planetenorakeln, die sich später fortsetzen in den Planetenmysterien des Altertums. Daher hat man auch in der nachatlantischen Zeit noch die Saturnströmung, die Jupiterströmung und die Merkurströmung usw. Sie stehen nebeneinander und bekämpfen sich sogar.

Sie sprechen von den Geistern des Bösen, von Luzifer, der den Menschen hinaufzieht und ihn dort fixiert, und von Ahriman, der den Menschen an die Materie fesselt. Wie hätte die Entwicklung verlaufen können, wenn diese Mächte nicht eingegriffen hätten, und was können wir tun, um die Trennung zu überwinden?

Die Rassen hätten Stadien sein sollen, die die Menschheit durchläuft, um danach in eine nächste Phase zu kommen, so wie das Kleinkind sich zum Jüngling entwickelt und weiter.

Wir müssen natürlich zunächst akzeptieren, dass es die verschiedenen Rassen gibt. Man löst das Problem nicht, indem man sagt, es gäbe die Rassen nicht, wie es zurzeit in Holland Mode ist. Wenn man das Wort Rasse ausspricht, ist man gleich Rassist. Das ist natürlich Unsinn. Man begegnet ihnen auf der Straße.

Es gibt Menschen, die sagen, die Rassentrennung wäre durch Mischehen zu überwinden. Aber dadurch entsteht natürlich nur eine Vermischung der Rassen, keine Überwindung. Aber wer in diesem Leben ein spirituelles Leben führt, kommt in der nächsten Inkarnation ohne Rassenmerkmale auf die Welt. So wird sich allmählich eine Gruppe von Menschen bilden, die sich spiritualisiert und die Rassentrennung überwindet. Auf der anderen Seite werden die alten Rassen immer mehr in die Dekadenz geraten. Dadurch entsteht eine neue, große Trennung, die sich in der Jupiterphase der Entwicklung vollzieht.

Das kann ich insofern verstehen, als die jetzige spirituelle Tätigkeit Folgen hat für die geistige Entwicklung in einer nächsten Inkarnation. Aber die körperliche Grundlage?
Das wird sich langsam erweitern. Das Ich des Menschen wird diese Entwicklung immer mehr zum Ausdruck bringen, bis ins Körperliche hinein. Die luziferische Fixierung der Rassenmerkmale wird so überwunden werden.

Die Bemerkung, es gäbe keine Rassen, würde damit für eine fernere Zukunft doch zutreffen.
Genauso ist es, wenigstens für eine sehr, sehr weite Zukunft. Die Menschen haben ein Gefühl dafür, dass die Trennung so nicht mehr stimmig ist. Das ist irgendwo in der geistigen Welt, in der Ätherwelt bereits veranlagt. Mit der Sklavenhaltung hatten wir das doch auch! Bis 1850 war die Sklavenhaltung kein Problem, es hatte sie immer gegeben.

In Wirklichkeit war es natürlich schon ein Problem!
Die Tatsache, dass sie zum bewussten Problem wurde, ist ein Zeichen dafür, dass die geistige Situation sich verändert hatte. Es entstand ein Unbehagen. Dieses signalisiert, dass eine neue Entwicklung einsetzt.

Können wir von den Rassen zu den Völkern kommen? Sie schreiben in der Neufassung Ihres Buches über die Mysterienströmungen, dass eine Differenzierung stattfindet und jedes Volk einen eigenen Staat bilden möchte. Die EU zeigt aber eher die Bildung eines Superstaates.
Die EU kann man vergleichen mit einer Erscheinung wie «Onkel Toms Hütte». Eine alte Selbstverständlichkeit ist auf einmal nicht mehr selbstverständlich. Eine neue Entwicklungsphase bahnt sich an. Die Völkergemeinschaft will über eine Schwelle gehen und findet nur den Weg über die Wirtschaft. Immer wenn eine Schwelle überschritten werden soll, sitzen Luzifer und Ahriman links und rechts von der Tür und versuchen, einen auf ihre Seite zu ziehen. Die Menschheitsentwicklung wird ins Politische gedrängt. Das hat zum Beispiel zum amerikanischen Bürgerkrieg geführt. Es hätte sich auch anders vollziehen können!

Und Sie meinen, bei der EU ist es das Wirtschaftsleben, in das die Menschheit gedrängt wird?
Dahinter verbirgt sich der Wille, zu einer europäischen Einheit, zu einer Verständigung zu kommen. Das ist ein Symptom für die Neigung zur Integration, zur Überwindung der Gegensätzlichkeiten zwischen den Völkern, Rassen, Menschengruppen.

Obwohl die EU bedrohliche Formen annimmt!
Die Befreiung der Schwarzen nahm ebenfalls bedrohliche

Formen an (und ist noch immer nicht zu Ende). Der Amerikanische Bürgerkrieg zwischen Nord und Süd wäre nicht nötig gewesen, aber Luzifer und Ahriman machen sich diese Situation zunutze. Luzifer versucht, die Entwicklung zu verhindern, Ahriman versucht sie in einer materiellen Form durchzusetzen. Bei der EU sieht man das am Großkapital, der großen Burg des Ahriman, das sofort neue Gewinne wittert.

Haben Sie ein Bild, wohin das führen kann? Wir gehen mit schnellen Schritten auf das Ende des Jahrhunderts zu!
Ich denke, dass wir nicht alle Probleme bis zum Ende des Jahrhunderts gelöst haben müssen. Wichtig ist, dass der Prozess überhaupt erst mal bewusst wird und in Gang kommt. Es ist wie mit der Pubertät. Die setzt auch langsam ein, dann kommt eine kritische Phase und nach einigen Jahren meint man, der Betreffende hat sie hinter sich gebracht. Aber auch dort gibt es Menschen, die schaffen es nie. Es gibt immer die Neigung, am Alten festzuhalten oder die Erneuerung bloß physisch-materiell auszuleben, wodurch die eigentliche geistige Entwicklung in den Hintergrund gedrängt wird. Den Kampf für die geistige Entwicklung Europas werden wir aber führen müssen. Das wird bald einige Jahrhunderte in Anspruch nehmen. Das heißt aber nicht, dass wir nicht schon nach zwanzig oder dreißig Jahren eine äußere Form haben werden, die eine Verbindung der Nationen zum Ausdruck bringt. Doch die Nationen werden ihre Bestimmung als Nation so schnell nicht aufgeben wollen.

Insbesondere in Osteuropa sehen wir, dass zunehmend nicht Politiker, sondern Vertreter des Geisteslebens an die Spitze der Staaten kommen: de Maizière ist Musiker, Havel Schriftsteller. In Bulgarien ist der Staatspräsident Philosoph, in Rumänien einige der maßgeblichen Minister. Im Baltikum ist

es genauso. Verliert die Betonung der Nationalitäten dadurch an Bedeutung?
Sie beschreiben eine sehr erfreuliche Entwicklung. Diese bedeutet aber nicht, dass man die Illusion haben darf, dass eine Überwindung der Gegensätze auf Anhieb gelingt. Die Gegenkräfte sind sehr groß! Das Gegenbild von dem, was ansteht, hatte Wilson 1918/19 in die Welt gesetzt. Weshalb hat sich Steiner so rabiat gegen Wilsons Pläne ausgesprochen? Weil es eine Chance gegeben hätte, die Auflösung der Donaumonarchie zu vollziehen, ohne dass neue Nationalstaaten gebildet würden. Rudolf Steiner war diesbezüglich sehr zornig. Wilsons 14 Punkte bedeuteten nicht nur eine vertane Chance, sondern auch einen Rückfall um Jahrhunderte. Und jetzt haben wir erneut eine Chance. Und ich meine, lasst uns bloß alle mitwirken, damit diese Chance nicht erneut vom Tisch gefegt wird.

Die Entwicklung in Russland sehe ich ebenfalls in diesem Licht, obwohl ein Staatsstreich durch das Militär noch immer droht. Das wäre ein fürchterlicher Rückfall.

Die Formen, die die EU heute bereits angenommen hat, sind für meine Bergriffe auch schon ein Rückfall.
Die Vereinigten Staaten von Europa werden ein Machtblock werden, ein Superstaat. Wenn wir alle Eingeweihte wären, würden wir sehen, wie Ahriman und Luzifer uns von dem spirituellen Weg abzubringen versuchen. Durch Schaden und Schande lassen wir uns eines Besseren belehren, selbst wenn wir einen Zickzack-Weg gehen müssen! Die Entwicklung geht in Schnellen und Stauungen. Sie hat ihren Rhythmus. In regelmäßigen Abständen gibt es Krisen und enorme Stromschnellen. Und dann gibt es lange Zeiten, in denen sich nichts zu verändern scheint, wo eine Konsolidierung stattfindet. Sie bereiten einen neuen Schritt vor. Es ist wie beim Menschen,

bei dem die Entwicklung zu einer neuen Lebensphase auch mit Krisen einhergeht.

Als im Herbst letzten Jahres die Machtstrukturen zusammenbrachen, habe ich mich gefragt, was das zu bedeuten hatte.
Sie waren von innen her absolut ausgehöhlt!

Darüber sind wir uns einig! Bloß, warum passierte das so plötzlich? War das der Zeitgeist?
Ein letztes Mal, wo der Zeitgeist noch direkt in die Geschichte eingriff, war es durch Jeanne d'Arc. Der Zeitgeist Michael bediente sich eines einzelnen Menschen. Heute kann das so nicht mehr stattfinden. Wenn wir aber mit Überschusskräften und Begeisterung im Leben stehen, kann Michael durch diesen Überschuss, durch dieses Mehr wirksam werden. Wir müssen selbst den Anfang machen. Michael wartet ab. Sobald man aber Mut fasst und etwas anfängt, dann hilft er.

Der Anfang, die Tat, muss natürlich schon im richtigen Moment sein.
Genau das ist ein wichtiger Punkt. Manche Menschen warten nur auf den Anlass, und wollen dann gleich alles und sofort. Auch Anthroposophen. Das kommt, weil sie zu wenig in Entwicklungen denken.

Damit sind wir bei einer wichtigen Frage: dem Unterschied zwischen der Arbeit Ihres Beratungsinstitutes NPI, das sich auf Organisationsentwicklung spezialisiert hat, und der Dreigliederung als Impuls für eine neue Gesellschaftsstruktur. Ergänzen sich diese beiden oder widersprechen sie sich?
Man kann das in wenige Worte fassen: Sobald der Geist sich im Raum ausdrückt, tritt er auf in einer dreigliedrigen Form, tritt er auf als Spiegelung der Dreieinigkeit. Spricht man

über Dreigliederung, dann spricht man über Formfragen. Etwas anderes sind die Entwicklungsfragen, die zeigen sich als Vierheit. Dann hat man es zu tun mit der Saturn-Sonne-Mond-Erde-Entwicklung, mit den vier Ätherkräften, etc. Wir arbeiten in dem NPI stark mit dieser Vierheit. Das ist keine Erfindung von uns, sondern hat mit der Realität zu tun. Als wir 1954 das NPI begründet hatten, wollte ich auch immer auf drei herauskommen. Aber wie ich auch suchte, ich kam immer wieder auf vier. Bis es mir wie Schuppen von den Augen fiel und mir klar wurde, wir arbeiten ja mit der Entwicklung, und der Entwicklungsweg ist der Weg vom Saturn über Sonne und Mond zur Erde. Das ist das Urbild der Entwicklung, und folglich hat man es immer mit vier Phasen zu tun, wenn man sich mit Entwicklungsfragen beschäftigt.

Nimmt man die beiden zusammen, dann steht am Ende der Entwicklung das Ziel in der Form einer Dreiheit wie ein wunderbares Leitbild da, während der Weg dorthin eine Vierheit ist. Und das sind zwei ganz verschiedene Dinge. Wenn jemand auf der dritten Stufe einer Leiter steht, kann ich ihm helfen, auf die vierte Stufe zu klettern. Beschreibe ich ihm, wie es ganz oben auf der einundzwanzigsten Stufe aussieht, dann ist ihm nur elend.

Wussten Sie, dass das Wort Organisationsentwicklung durch uns in Europa eingeführt wurde? Das ist die Arbeit des NPI. An allen Universitäten hat man heute einen Lehrstuhl für Organisationsentwicklung. Mein Buch über Organisationsentwicklung war ein Bestseller in den Niederlanden, das jeder Unternehmer auf seinem Schreibtisch liegen hatte.

Das war solch ein Erfolg?

Da gab es in kurzer Zeit zehn, zwölf Neuauflagen. Genau wie *Lebenskrisen – Lebenschancen*. Davon gibt es bereits die fünfzehnte Auflage allein in Holland. Dazu gibt es noch Übersetzungen ins Dänische, ins Schwedische, ins Deutsche, Französische, Englische, Italienische, sogar ins Portugiesische und Spanische. Das geht fast von alleine. Nicht dass ich viel davon habe, darum geht es mir nicht. Es sind soziale Ideen, die ihren Weg in die Welt gefunden haben. Die Einnahmen gehen an den Unterstützungsfonds für Studenten der Vrije Hogeschool.

Sie verstehen den Entwicklungsweg als eine Schulung der sozialen Fähigkeiten, während die Dreigliederung eine Art Formprinzip ist. Haben Sie Angst, mit einem Endziel die Entwicklung zu viel festzulegen?
Sie kann ein Leitmotiv für das Ende einer Entwicklung sein, das nicht festlegt, sondern eine Orientierung gibt. Das Leitmotiv begleitet die ganze Entwicklung.

Darf derjenige, der vom NPI beraten wird, nicht wissen, welches das Ziel ist?
Das wird nicht verschwiegen; wir versuchen Fragen zu wecken und antworten dann auf die Fragen. Einer hat vielleicht einen Betrieb gegründet, der wegen des schnellen Wachstums aus den Fugen geraten ist und sucht Hilfe. Das Ideal, in Worten ausgesprochen, «dann müssen Sie dreigliedern!» – damit kann er natürlich nichts anfangen. Wissen Sie, was das ist? Das ist Sektierertum. Das Ideal ist nicht an der Reihe. Er kann nichts damit anfangen, sondern braucht konkrete Hilfe für den nächsten Schritt. Ich kann von einem Einundzwanzigjährigen auch nicht Dinge erwarten, die man vielleicht mit sechzig gelernt hat.

Ich verstehe, was Sie meinen, aber ich bin anderer Meinung. In Ihrem Buch «Dem einundzwanzigsten Jahrhundert entgegen» schreiben Sie, die Lohnfrage zu lösen, sei eine Aufgabe für die

nächste Kulturepoche. Warum sollen wir das nicht heute tun, wenn wir erkannt haben, dass menschliche Arbeitskraft keine Ware ist oder sein darf?
Selbstverständlich können wir anfangen, wir werden die Frage jedoch noch nicht lösen können. Dafür sind noch viele Erfahrungen und viele Experimente nötig. Daher bin ich auch dankbar für alle diejenigen, die Denkmodelle für eine dreigliedrige Gesellschaftsform entwickelt haben. Das berechtigt aber nicht zur Kritik an allen, die bisher nicht weiterkommen, als erste Schritte zu tun.

In «Dem einundzwanzigsten Jahrhundert entgegen» beschreiben Sie sehr eindrucksvoll die Erkenntnissuche, die Skeptiker den «Weg der Verantwortungslosigkeit» genannt haben: Erst tun (aus Intuition), dann denken und sehen, was daraus geworden ist. Genau diesen modernen Weg meine ich: Wenn wir keine Lohnverhältnisse haben wollen, dann richten wir sie auch gar nicht erst ein. Auch nicht pro forma. Das ist keine Frage der sozialen Fähigkeit, sondern eine Frage der sozialen Form.
Das Wort Fähigkeit stört Sie? Man kann versuchen, ob die Menschen so weit sind, ob sie die Kraft haben, alle Probleme durchzutragen, die entstehen, wenn man solche Experimente macht. Man kann keine dreigliedrige Insel bilden in einer Gesellschaft, die nicht dreigegliedert ist. Man kann Verständnis entwickeln und vielleicht Ansätze für Lösungen versuchen. Die sollen auch versucht werden, damit man Erfahrungen sammelt.

Man kann aber der Entwicklung einen Schritt voraus sein!
Wenn ein Kind bestimmte Dinge noch nicht kann, darf man ihm das nicht übel nehmen. Sondern man muss abwarten, bis es etwas älter ist und vielleicht Enttäuschungen erlebt hat.

Bis es fähig ist, und nicht nur wünscht, etwas zu können. Ebenso habe ich den tiefsten Respekt vor den Lehrern, die sich vielleicht von Unterrichtsstunde zu Unterrichtsstunde durcharbeiten müssen und die daher nicht dazu kommen, sich über ihre Einkommensbildung Gedanken zu machen. Das kommt vielleicht später mal. Vorerst wollen sie einfach ihren Lohn.

Die Aufgabe der Waldorfschule ist nicht nur die Pädagogik, sondern auch das freie Geistesleben. Das heißt Selbstverwaltung, da passen keine Lohnverhältnisse …
Sie sprechen wie ein Pastor! Natürlich ist es die Aufgabe eines jeden, alles so gut wie möglich zu tun. Und wenn er das noch nicht kann? – Dann macht er eben erst das eine und danach erst das andere.

Damit habe ich keine Schwierigkeiten. Wenn der Lehrer jedoch von einem Vorstand angestellt ist und weisungsgebunden arbeitet, dann darf er nicht die kollegiale Verwaltungsstruktur herauskehren. Das ist eine Lüge.
Es ist falsch, aber noch keine Lüge. Es ist vielleicht ein erster kleiner Schritt auf dem Weg einer langen Entwicklung. Es ist schon etwas Positives, wenn sie daran gedacht haben, wenn sie gemerkt haben, dass die Frage der Organisationsform noch aussteht. Mein Ansatz ist, dem Lehrer zu helfen, damit er mit seiner Unterrichtsvorbereitung fertig wird. Und wenn er dann durchkommt und eine Verschnaufpause machen kann, dann wird er vielleicht auch mal über einen nächsten Schritt nachdenken wollen und die Organisationsform seiner Schule anpacken. Man darf diese äußere Form jedoch nicht zum Maßstab für alles, was gut oder schlecht ist, machen. Dadurch entstehen Minderwertigkeitsgefühle bei den Betroffenen.

Die Dreigliederung hat sich intensiv beschäftigt mit dem Idealbild am Ende einer Entwicklung. Sie hat sich jedoch nicht beschäftigt mit den Gesetzmäßigkeiten des Weges dorthin. Ihr fehlt die Fähigkeit zu vermitteln, welche Schritte gemacht werden sollen, was der erste, was der nächste Schritt sein soll. Stattdessen wollen die Dreigliederer gleich den Endzustand durchsetzen. Das ist Vergewaltigung.

Beim wirklichen Umgehen mit den Problemen wird man viel mehr auf die Entwicklung zu achten haben. Dann wird klar, dass man ein Ideal haben kann, dass man zwanzig, dreißig Jahre daran arbeiten kann, um dann festzustellen, es waren alles nur Fingerübungen. Man braucht sehr viel Fingerspitzengefühl, um zur Gerechtigkeit zu kommen – und eine große innere Disziplin. Ich hatte bisher kaum Gelegenheit, mich mit den Menschen aus der Dreigliederungsarbeit auszusprechen. Sie hatten das Gefühl, ich sei ein Verräter der Dreigliederung. Das habe ich akzeptiert, aber ich möchte mich sehr gerne darüber verständigen: allerdings, wenn es geht, nicht auf der banalen Ebene, sondern auf der Ebene der Freien Hochschule für Geisteswissenschaft.

Einer der Auffassungsunterschiede liegt zum Beispiel in der Bemerkung, dass die Dreigliederung etwas für später, für die sechste Kulturepoche ist. Dann sage ich, um Gottes willen, lasst uns doch heute und morgen auch schon etwas tun.
Wenn wir jetzt nicht den Boden bereiten, dann wird der Keimling auch nicht gedeihen können. Dann wird es in der sechsten Kulturepoche keine Früchte zeigen. Das habe ich damit gemeint.

Okay, aber anfangen sollten wir schon heute!
Ich habe mein ganzes Leben nichts anderes getan als zu rufen, dass wir anfangen müssen!

Dazu gibt es noch sehr viel zu sagen. Doch die Positionen sind hiermit klargeworden, und es ist sicher gut, dass sie einmal so deutlich ausgesprochen werden konnten.
Die Frage von Form und Entwicklung kommt auch in dem Thema der Anthroposophischen Gesellschaft zum Ausdruck, über das wir noch reden wollten.

Motive in Ihrer Arbeit sind Entwicklung und Schwellen: Mensch an der Schwelle. Welt an der Schwelle. Anthroposophie an der Schwelle. Können wir mit Anthroposophie genauso arbeiten wie vor siebzig Jahren, oder braucht eine veränderte Welt auch eine veränderte Anthroposophie?
Sie sprechen die zentrale Frage an, mit der ich mich beschäftige. Die Form der Anthroposophischen Gesellschaft, so wie Rudolf Steiner sie mit der Weihnachtstagung 1923 entwickelt hat, findet sich wieder in dem Bild eines Tempels mit einem Vorplatz. Zum Vorplatz kann jeder hinkommen, zuhören, schauen, was es gibt, er kann bleiben, ist aber auch frei, wieder zu gehen. Die Mitgliedschaft der Anthroposophischen Gesellschaft sollte wie das Betreten eines Vorplatzes zum Tempel sein: Es verpflichtet zu nichts. Solange Interesse da ist, ist die Mitgliedschaft berechtigt, wenn das Interesse erlischt, ist es unehrlich zu bleiben. Das ist die erste, exoterische Ebene. Dann gibt es jedoch den Moment, wo man merkt, das reicht nicht, man will einen weiteren Schritt tun. Das heißt: Man nimmt eine Verpflichtung auf sich, den freien Entschluss über die Schwelle des Tempels, der Kathedrale, oder was auch immer zu gehen. Das ist die esoterische Ebene, wo die Dinge wesentlich werden, über das Interesse oder das Studium weit hinausgehen und wo man Verpflichtungen auf sich nimmt. Das ist die Mitgliedschaft in der Freien Hochschule für Geisteswissenschaft.

Rudolf Steiner hat unmittelbar nach der erwähnten Weihnachtstagung einen Kurs für Jungmediziner gegeben. In den ersten Tagen spricht er über die Substanzen, über Pflanzen und Metalle etc. Und dann kommt der Moment, wo Rudolf Steiner eine Wendung macht: «Ihr heilenden Geister, verbindet Euch dem Sulfursegen des Ätherduftes ...» – Eine unglaubliche Meditation, schon vom Wortgebrauch her. Auf einmal spricht er eine andere Sprache. Dort erleben Sie die andere Ebene, die der Freien Hochschule. Die erste Phase war die exoterische Phase, das kann das Studium der gesamten Anthroposophie sein. Die zweite Phase ist der Schritt zum Esoterischen. Er spricht nicht mehr über Kräfte und Substanzen, sondern über Wesenheiten. Das bedeutet, dass man nicht mehr nur auf die Begriffe blickt, sondern auf die Wesenheiten, die dahinter stehen.

Wenn ich über die Form spreche, dann bewege ich mich auf der Ebene, in der Qualität der Exusiai, der Geister der Form. Und wer sich mit Entwicklung befasst, der bewegt sich auf der Ebene der Dynameis, der Geister der Bewegung. Erst wenn die beiden zusammenkommen, dann können sich die Geister der Weisheit, die Kyriotetes, damit verbinden. Ein nächster Schritt ist dann möglich.

Ein Hochschulmitglied, das den Klassenstunden beiwohnt, kann erleben, wie sich die Motive der Dreiheit und der Vierheit dauernd abwechseln. Mit der Dreiheit verbindet sich Christian Rosenkreutz. Der ganze Rosenkreuzerimpuls ist Dreiheit. Und alles, was Dreiheit ist in der Anthroposophie, ist Rosenkreuzerimpuls. Rudolf Steiner sagte aber, er bringe ein rosenkreuzerisches Christentum. Er sagte, als er die Weihnachtstagung begann, war Christian Rosenkreutz im Raume anwesend. Der Grundsteinspruch, der zur Weihnachtstagung verlesen wurde, baut auf dieser Dreiheit auf. Dann aber kommt das Entscheidende als Viertes hinzu: «In der Zeiten Wende trat das Welten-Geistes-Licht ...» – Da tritt die Entwicklung in der Zeit hinzu.

Da werden also die drei Säulen als gewaltige Wahrheiten der geistigen Welt beschrieben, als Urbild der Schöpfung. Man erlebt bei den ersten drei Versen, dass der Raum abgetastet wird: Vater, Sohn, heiliger Geist. Aber der Weg dorthin? Dann kommt die Entwicklung, welche mit der Hoffnung endet: «Dass gut werde, was wir aus Herzen gründen ...» – Das Gute ist gemeint, nicht das Richtige. Die Wahrheit, das Richtige zu finden, das ist die Aufgabe der Verstandesseele. Sie hatte zur Aufgabe, richtige Antworten zu finden. Die Bewusstseinsseele jedoch hat zur Aufgabe, das Gute zu tun. Das Gute ist in jeder Situation anders. Eine bestimmte Aussage kann richtig sein – sie heute einzufordern, nicht das Gute. Das Gute erkennt man nur an seiner Wirkung in der Welt: «Dass gut werde, was wir aus Herzen gründen...» – Das hat mit dem Willen zu tun. Mit dem Willen betritt man immer das Gebiet der Unsicherheit.

Damit berühren wir die Frage des esoterischen Zuges in der Anthroposophischen Gesellschaft. Sind wir so weit, dass wir diesen ernst nehmen können? Wenn man auf der Grundlage eines Studiums der Anthroposophie, und wenn es noch so ernsthaft betrieben wurde, eine direkte Aufgabe ergreift, dann wendet man ein Rezept an. Da haben Sie das Waldorfrezept, das landwirtschaftliche Rezept, das Dreigliederungsrezept: Das ist die Gebrauchsanleitung, wo steht, was zu tun ist und was nicht. «Gib mir den Aussaatkalender, dann werde ich mich daran halten!» – Diese Phase, man kann sie, ohne dass das abwertend gemeint ist, die Kinderstube nennen, kann man sehr lange durchmachen. An dem Höhepunkt dieser exoterischen Phase steht die Imagination, das bildhafte Erleben dessen, was man tut. Dann aber erwacht ein ganz anderer Wille zum Handeln. Man kommt in die esoterische Phase. Und hier erlebt man durch das Handeln die Intuition. Das Gute erkennt man erst nach der Handlung:

«Am Anfang schuf Gott Himmel und Erde. Und am siebten Tage ruhte er, und er sah, dass es gut war». – Ein Urbild!

Mein großer Schmerz ist, unter Anthroposophen ständig auf Menschen zu stoßen, die auf der ersten Ebene handeln, und die fordern, dass die so errungenen Einsichten sofort angewandt werden. Angewandte Anthroposophie, «die richtige Methode» – das ist sektiererisch. Nein, da muss man sich noch zu einer zweiten Phase durchringen, eine Phase, in der man tiefer eindringen kann, die esoterische Phase, wo Begriffe Wesen werden, die selber handeln. Dieses letzte Handeln nennt Rudolf Steiner die dritte Phase oder die moralische Phase, wo man im Einklang mit dem Zeitgeist handelt. Diese moralische Handlung ist unser höchstes Ideal, das Gute zu tun.

Sie verglichen vorhin die Mitgliedschaft der ersten Phase mit dem Tempelvorplatz, wo man kommen, aber auch wieder gehen kann. Die Realität ist aber eine ganz andere. Man erlebt es in der Regel als einen gewichtigen Schritt, in die Anthroposophische Gesellschaft einzutreten.

Das muss verschwinden; das ist alt; das ist ein Rest der theosophischen Gesellschaft. Das ist, wie wenn man in die katholische Kirche eintritt. Warum wohl? In der Kirche sind die Dinge schön ordentlich von oben herab geregelt. Man weiß, was man glauben soll und wie man handeln soll. Am Anfang war die Anthroposophie natürlich auch ein Lehrgut. Doch das veränderte sich mit der Weihnachtstagung 1923.

Das veränderte sich eben nicht!

Das Alte ist immer noch da, das ist richtig. Ich habe als Vorsitzender der Niederländischen Anthroposophischen Gesellschaft vierzehn Jahre lang dagegen gekämpft. Zum Glück gibt es immer mehr Jüngere, die verstanden haben, was sich durch die Gründung der Freien Hochschule für Geisteswissenschaft geändert hat. Viele ältere Mitglieder wollen das noch nicht akzeptieren. Auch das ist Luzifer, wenn er zum großen Angriff übergeht und überall versucht Fundamentalismus zu etablieren. Auch unter den Anthroposophen. Es gibt die Fundamentalisten der Philosophie der Freiheit. Es gibt die Fundamentalisten des Goetheanismus, die der Eurythmie. Anthroposophie könne man nur pflegen, wenn man Eurythmie macht, Dreigliederung, Philosophie der Freiheit, etc.

Viele ältere Mitglieder fühlen sich bei der theosophischen Teekränzchenmentalität wohl. Sie wissen, wer dazugehört und wer draußen steht …
Das sind nicht nur die Älteren. Wenn die Jüngeren, die die theosophische Gesellschaft nie gekannt haben, gleich aus der ersten Ebene heraus handeln wollen, ist das ebenso unmodern. Sie besuchen das Waldorflehrerseminar, und kaum haben sie ihr Diplom, stehen sie auch schon vor der Klasse.

Manchmal geht das gar nicht anders!
Wenn ein Lehrer frisch vom Seminar kommt, und versucht die Dinge anzuwenden, die er gerade erst intellektuell verstanden hat, dann ist die Situation dennoch wahrhaftig. Seine echte, vielleicht verzweifelte Bemühung wirkt pädagogisch wunderbar auf die Kinder. Dagegen ist nichts einzuwenden. Sehen Sie, als die Waldorfschule 1919 gegründet wurde, hatte Rudolf Steiner eine Reihe von Menschen gebeten, dort als Lehrer einzusteigen. Zur Vorbereitung gab es in der Kürze der Zeit die Kurse *Methodisch-Didaktisches* und *Allgemeine Menschenkunde*. Die Teilnehmer fühlten sich überfordert und schickten eine Delegation zu Rudolf Steiner: Sie baten, aus der Verpflichtung entlassen zu werden, es sei ausge-

schlossen, dass sie das alles könnten, was von ihnen verlangt wurde. «Oh, das ist gar kein Problem», erwiderte Rudolf Steiner. «Wenn Sie in die Klasse kommen, können Sie das natürlich noch nicht. Aber», sagte er, «das Karma der Kinder hat damit gerechnet, dass Sie es noch nicht können! Aber, denken Sie daran, wenn Sie es in fünf Jahren immer noch nicht können, dann geht die Sache schief!»

Damit komme ich zu einem weiteren zentralen Thema in meinem Leben. Wann ist eine Situation wahrhaftig? – Wenn jemand etwas erzählt, was er sich erarbeitet hat, wenn er große Schemata entwirft, wie die Welt aussehen sollte, nachdem die Dreigliederung eingeführt sein wird? Solche Darstellungen können richtig sein. Sie sind aber erst wahr, wenn die betroffenen Menschen sich begegnen auf der Ebene, auf der sie wirklich stehen. Wenn ich einen Vortrag halte, ist es wichtig, dass ich dasjenige darstelle, was ich selber durchgearbeitet habe, durchlebt habe, und nicht, dass ich Rudolf Steiner zitiere. Aber mindestens so wichtig ist auch, dass ich es in einer solchen Form vortrage, dass es Anschluss findet an die Stufe meiner Zuhörer. Erst dann ist es wahr, sonst bin ich nur klug.

Wenn man sozial sein will, muss man also auch den Mut haben, dem Widerstand der Wirklichkeit zu begegnen. Trotz aller Unvollkommenheiten in der anthroposophischen Arbeit ist in Osteuropa zum Beispiel so viel möglich geworden.

Ich weiß gar nicht, ob in Osteuropa etwas möglich ist!

Wir haben vorhin von dieser merkwürdigen Veränderung gesprochen, von dieser Verlagerung von der Politik zum Geistesleben. Ich denke, dass das möglich geworden ist, weil im sozialen Leben Europas so viel von der Anthroposophie gewirkt hat.

Von der Anthroposophie?
Ich kann es nicht beweisen, aber ich denke, dass über viele Umwege die Anthroposophie dazu beigetragen hat. Durch die Waldorfschulen, durch die vielen Vorträge, etc. Vergessen Sie nicht, dass dadurch die geistige Aura Europas verändert wurde! Dort arbeiten jedoch nicht nur diese positiven Geister, sondern auch Luzifer und Ahriman. Und die Asuras, die Geister der Vernichtung, der absolute Nihilismus. Es ist in dem Zusammenhang vieles zu sagen über das Ende des Jahrhunderts.

Erzählen Sie nur!
Ich will ausgehen von einem Vortrag Rudolf Steiners vom 7. März aus dem Jahr 1914 über den Bauimpuls. Er führt aus, dass jede geistige Strömung einen eigenen Rhythmus hat: drei Jahre, sieben Jahre, zwölf Jahre, usw. Die Ziffer zehn, damit sind die Realitäten der Gegenkräfte verbunden. In den Rhythmen von hundert und tausend Jahren werden die Gegenkräfte verstärkt und potenziert. Deshalb ist insbesondere die gegenwärtige Jahrtausendwende auch eine geistige Realität. Wir werden sehen, dass die luziferischen, ahrimanischen und michaelischen Kräfte so durcheinanderwirbeln, dass sie kaum zu unterscheiden sein werden und auch ein Anthroposoph, der mit dem besten Willen das Gute tun will, Dinge auslöst, die er gar nicht gemeint hat. Man hat die Illusion, dem Zeitgeist Michael zu dienen.

Haben Sie solche Momente in Ihrem eigenen Leben auch bemerkt?
Selbstverständlich gerätst du hinein und du hast zum Beispiel etwas erkannt, dass du gleich am nächsten Tag besprechen und dann ausführen willst. Also das Richtige, aber nicht das Gute. Dann trifft dich aber der Schlag. Wenn du wach bist,

wirst du noch rechtzeitig feststellen, dass du auf dem falschen Weg bist. Die meisten Menschen haben sich aber so in ihre eigenen Vorstellungen verliebt, dass sie den Ausstieg nicht finden können. Das ist Luzifer!

In normalen Zeiten wirken Luzifer und Ahriman gegeneinander. Bei der Jahrtausendwende, also in dem Rhythmus 10 mal 10 mal 10, arbeiten sie zusammen und versuchen die Menschen vollends in den Griff zu bekommen. Durch den Bauimpuls setzen die Götter (Hierarchien) dem etwas entgegen. Das war schon immer so: 3000 Jahre vor Christi Geburt den Bau der Pyramiden; 2000 Jahre vor Christi den Hüttenbau, von dem das Laubhüttenfest herrührt; 1000 Jahre vor Christi den Bau des salomonischen Tempels. Dann kommt die Zeitenwende: Die Hierarchien geben einen kräftigen Gegenimpuls. Jesus sagt, er baue den Tempel wieder auf, es ist der Tempel des reinen physischen Leibes, des Auferstehungsleibes. In der vorchristlichen Zeit konnten die Hierarchien selbst eingreifen, nach Christus müssen es die Menschen selber tun und alle 1000 Jahre einen neuen Bauimpuls entwickeln.

Der Bauimpuls um das Jahr 1000 war zu schwach, um Ahriman und Luzifer etwas entgegenhalten zu können. Es war der Bau der Stabkirchen im Norden: ein erster christlicher Bauimpuls aus Holz. Was tut Ahriman: Er greift ein durch die Araber und bildet die Hufeisenform aus. Die Gothik ist ebenfalls Ausdruck des christlichen Bauimpulses, doch der wurde später von Luzifer ergriffen. Durch diese Bauformen konnten jeweils bestimmte Elementarwesen in die menschliche Seele eindringen. Und so sieht man, dass um das Jahr 1000 die Menschen noch nicht reif waren.

Der Bau des ersten Goetheanums in Dornach war der bewusste Versuch, den christlichen Bauimpuls wieder aufzugreifen, um den Menschen über die nächste Jahrtausendschwelle hinüberzuhelfen. Das erste Goetheanum war aus Holz, das hing zusammen mit dem misslungenen Impuls der Stabkirchen. Das zweite Goetheanum sollte ein Denkmal werden für das erste, aber aus Beton, wegen der Gegnerschaft. Doch war Rudolf Steiner auch hier seiner Zeit weit voraus. Dass durch den Brand des ersten Goetheanums der Anthroposophischen Gesellschaft ein Bau verlorengegangen ist, ist noch nicht einmal das Schlimmste. Schlimmer ist, dass die Menschen im Westen nicht mehr die Möglichkeit haben, durch das Sehen des Goetheanums das Spirituelle zu finden.

Zum Ende des Jahrtausends sollen also Luzifer und Ahriman zusammenwirken. Das Instrument Luzifers war immer schon der Islam. Wir werden also eine Wiederbelebung des Islam erleben, den Versuch, den Heiligen Krieg zu führen. Und das Instrument Ahrimans auf Erden sind die Marsdämonen, die das Zentrum ihrer Wirksamkeit in der Zentral-Mongolei haben. Von dort aus entfaltet Ahriman eine Wirksamkeit, die im 800-Jahresrhythmus über die Erde geht. 700 Jahre ist jeweils Ruhe, 100 Jahre lang werden die Mongolen aktiv. Auch in dieser aktiven Phase stehen wir mitten drin.

Um das zu verstehen, muss ich das etwas historisch ausführen: Früher haben sich die Einflüsse dieser Marsdämonen nur in China abgespielt. In den Annalen kann man das zurückverfolgen. In der nachchristlichen Zeit kommen die Mongolen bis nach Europa. In den Jahren von 350 bis 450 erwacht dieser Geist. Attila kommt nach Europa, setzt sich in Ungarn fest. Er will Europa erobern und zieht nördlich nach Frankreich. Die Römer schicken ihre Legionen, und es findet die erste Schlacht an der Marne statt. Attila wird zurückgedrängt, nicht aber geschlagen. Er macht eine schnelle Tour über die Alpen, und während die Römer noch in Frankreich liegen, zieht Attila über Norditalien bis vor die Tore Roms. Er verspricht seinen Mannen, Rom plündern zu dürfen. – Dann tritt Papst Leo II. ihm entgegen, in vollem Ornat und mit dem Kreuz in der Hand. Die Legende sagt, dass Attila in dem Moment eine Vision hatte und den Erzengel Michael auf einem großen weißen Pferd über die Wolken reiten sieht. Was davon wahr ist, wissen wir nicht, aber es ist eine Tatsache, dass Rom nicht geplündert wurde und Attila sich mit seinem Heer fluchtartig nach Ungarn zurückzieht. Ein halbes Jahr später ist er tot, innerhalb eines Jahres kein Mongole mehr in Europa. Rudolf Steiner sagt dazu, die Menschen waren von den Marsdämonen besessen. Sie hatten Macht, weil die anderen Angst hatten. In dem Moment, wo ein großer Eingeweihter im Christus-Licht erscheint, ergreifen die Dämonen die Flucht, und die Menschen kommen zur Besinnung und erwachen wie aus einem Traum: Was tun wir hier im fremden Land, eine kleine Gruppe, umringt von Feinden? Schnell zurück!

800 Jahre später: 1150 bis 1250. Ab 1150 wird es in der Mongolei unruhig. Unter den Hunnen zeichnet sich ein junger Eroberer aus, der allmählich mehr Macht erlangt. Dieser, später Dschingis Khan genannt, erobert die ganze Mongolei. Er wird wiederholt gefangen genommen und befreit und bündelt jedes Mal mehr Kräfte. In den Annalen heißt es, die Geister der Luft ergreifen ihn, und wie ein Wirbelsturm rast er über die Ebenen. Eine Welle der Angst geht ihm voran. Die Chinesen hatten gegen den Ansturm die große Mauer gebaut, die aber auch nicht stärker ist als der Mut ihrer Verteidiger. Was tut Ahriman? Die Marsdämonen schicken die Angst voraus und als Dschingis Khan und dessen Enkel Kublai Khan vor der Chinesischen Mauer stehen, sind die Menschen geflüchtet. Sie können ungehindert nach China hineinziehen. Er zieht bis nach Persien, verwüstet große Teile des Landes, zieht nach Griechenland und landet schließlich

in Südrussland. Er beschließt, mit einer großen Zangenbewegung Westeuropa zu erobern, ein Strang über Ungarn, der andere über Schlesien. Das nördliche Heer steht 1241 nahe bei Breslau in Liegnitz. Die schlesischen Ritter, und alles, was sich bewegen kann, ziehen zu Felde, darunter Graf Wilhelm und dessen Söhne. Der alte Abt von Leubusz steigt noch mit vierundneunzig Jahren auf ein Pferd. Kein Einziger überlebte. Das Tor zu Europa stand offen, unverteidigt. Jeder meinte, jetzt ist alles aus. Am nächsten Tag geht die heilige Hedwig über das Schlachtfeld, um die verstümmelten Leichen ihrer Verwandten zu suchen. Sie kann sie erkennen, weil sie alle sechs Zehen hatten, das lag in der Familie. Sie findet keinen Mongolen mehr vor. Wie die Wilden waren sie zurückgaloppiert, und drei Monate später war kein einziger Mongole mehr westlich der großen Mongolischen Ebene zu finden. Hedwig war die Tante der Elisabeth von Thüringen und ebenfalls eine christliche Eingeweihte. Auch hier war es die Lichtaura der christlichen Eingeweihten, die die Dämonen in die Flucht trieb.

Hier war es also genau wie bei dem Kampf um Rom: Nachdem die Mongolen die Schlacht gewonnen hatten, ist es wie ein Erwachen aus einem Traum, und sie verlassen fluchtartig Europa. Nun rechne ich mir aus, die nächste Runde wird 1950 bis 2050 sein. Bis zur Jahrtausendwende wird sich das alles in Asien abspielen, danach kommen sie in irgendeiner Form nach Westen. Dann haben wir hier nicht nur die Wiederbelebung des Islam, sondern es kommen auch die von dämonischen Kräften besessenen Mongolen. Natürlich werden sie diesmal nicht auf ihren Pferdchen daher galoppieren, aber sie werden kommen. Interessant ist eine Äußerung Rudolf Steiners aus dem Jahr 1924, während des *Landwirtschaftlichen Kurses* bei Breslau, wo er nachmittags mit jungen Mitgliedern zusammenkam. Rudolf Steiner sagte also schon

1924: «Der wahre Gegensatz liegt nicht zwischen Russland und Amerika, das ist nur Schein. Die wirkliche Auseinandersetzung kommt zwischen China und Amerika. Ob diese über Europa kommen wird oder über den Stillen Ozean, ist die Frage. Europa mag hoffen, dass sie über dem Stillen Ozean stattfinden wird.» Ich habe diese Worte von Albrecht Strohschein erfahren, der die Besprechungen mitgemacht hat. Und ich füge selber hinzu: Das wird davon abhängen, ob Europa genügend christliches Licht ausstrahlt.

Die ersten Symptome sind bereits da. Aus unbedeutenden Scheichtümern in der Sandwüste sind mächtige arabische Ölstaaten geworden. Im Golfkonflikt werden die westlichen Alliierten auf einen Pyrrhussieg zusteuern, dessen Folgen nicht vorhersehbar sind! Und Mao Tse-tung wurde während der japanischen Invasion im Kampf um die Hegemonie in China zurückgeschlagen. Da machte er den großen Zug in den Norden Chinas. Was machte er dort? Er ließ sich von den Marsdämonen inspirieren, kommt zurück als Kommunist und fegt über ganz China hinweg. Die alte Kultur wird vernichtet, Bücher verbrannt, Tempel zerstört, Kunstschätze zerschlagen, Millionen sterben: Die kulturelle Revolution eines grausamen Mannes. So grausam können nur die Marsdämonen sein. Und dennoch sind dies erst die Vorläufer.

Das Entscheidende wird die geistige Situation in Europa sein! Unsere Aufgabe ist es daher, hier eine christliche Infrastruktur aufzubauen. Das ist meine große Sorge, ob das gelingen wird. Wenn uns das gelingt, werden die Dämonen nicht hierher wollen, oder wenn sie doch kommen, dann werden sie zurückgeschreckt. Es ist unsere Aufgabe als Anthroposophen, diese christliche Infrastruktur zu bilden, damit die Atmosphäre mit einem christlichen Licht durchstrahlt wird. Dieses können wir nicht sehen, aber es schreckt die Dämonen ab. Kanonen werden sie nicht aufhalten können, wohl aber eine christliche Infrastruktur. Ein christlicher Eingeweihter kann nur wirken, wenn es eine christliche Infrastruktur gibt.

Meine Bestrebung ist es seit den Fünfzigerjahren, diese Infrastruktur aufzubauen. Denken Sie aber bloß nicht, dass damit nur Kirchen und Schulen gemeint sind. Nein, das kann auch eine Fabrik sein, in der vielleicht drei oder vier Menschen tätig sind, die etwas verstanden haben von dem, was Anthroposophie will.

Sie meinen damit nicht nur die Anthroposophische Gesellschaft?
Die Anthroposophische Gesellschaft soll der Träger sein. Und Träger dieser Infrastruktur wird sie, indem der esoterische Zug entwickelt wird, indem die Arbeit in der Ersten Klasse der Freien Hochschule ernst genommen wird.

Sie sprechen von einer Infrastruktur. Heißt das, Sie erwarten, dass es diesmal auf eine Gemeinschaft ankommt und nicht auf eine einzelne Person, wie das bei Papst Leo II. oder Hedwig von Schlesien der Fall war?
Leo und Hedwig standen auch nicht allein, sie hatten die Erde durchstrahlt mit einem christlichen Licht, die Elementarwesen waren sozusagen verchristlicht worden. Es war eine Person, die das ausführte, aber die Struktur war sowohl in Rom wie auch in Schlesien da. Hedwig gründete Klöster und beeinflusste ein intensives geistiges Leben.

Und das wird wieder so sein?
Ich bin überzeugt, dass das wieder so sein wird. Es ist der einzige Weg. Und ich frage mich manchmal, ob Rudolf Steiner mit seiner nächsten Inkarnation wartet, um dies ausführen zu können. Er hatte einmal gesagt, die meisten damaligen

Anthroposophen würden am Ende des Jahrhunderts wieder inkarniert sein und er selber auch.

Darüber kursieren etliche schauderhafte Theorien.
Theorien gibt es genug, ja. Aber was hat er selber gesagt? Als er in Breslau mit Jugendlichen beraten hatte, sagte einer: «Aber Herr Doktor, wir wollen doch dabei sein, wenn Sie wieder da sind.» – «Ja», hatte er geantwortet, «ja, sind Sie dann auch bereit, barfuß mit mir durch ein verwüstetes Europa zu ziehen?»

Rudolf Steiner hat, wenn er über die Zukunft sprach, immer über mögliche Entwicklungen gesprochen. Es liegt in der Freiheit des Menschen, das eine oder das andere heraufzurufen. Ich wiederhole: Es ist jetzt unsere Aufgabe in Europa, eine christliche Infrastruktur zu gründen: überall kleine und größere Einrichtungen zu schaffen, wo intensiv geistig geübt und gearbeitet wird. Dann haben wir eine Grundlage geschaffen für unsere Zukunft in dem großen Geisteskampf, in dem wir stehen!

Literatur

Werke von Rudolf Steiner

Da die vorliegenden Vorträge Vertrautheit mit den anthroposophischen Grundgedanken voraussetzen, folgen hier Literaturhinweise, die eine Einarbeitung im eigenen Studium erleichtern sollen. Es sind nur die Werke Rudolf Steiners berücksichtigt (GA = Bibliografie-Nummer der im Rudolf Steiner Verlag erscheinenden Gesamtausgabe).

Grundlinien einer Erkenntnistheorie der Goetheschen Weltanschauung mit besonderer Rücksicht auf Schiller (GA 2)

Wahrheit und Wissenschaft (GA 3)

Die Philosophie der Freiheit (GA 4)

Das Christentum als mystische Tatsache und die Mysterien des Altertums (GA 8)

Theosophie (GA 9)

Wie erlangt man Erkenntnisse der höheren Welten? (GA 10)

Die Geheimwissenschaft im Umriss (GA 13)

Vier Mysteriendramen (GA 14)

Die geistige Führung des Menschen und der Menschheit (GA 15)

Die Kernpunkte der sozialen Frage (GA 23)

Anthroposophische Leitsätze (GA 26)

Mein Lebensgang (GA 28)

«Die Christus-Tat und die widerstrebenden geistigen Mächte Luzifer, Ahriman, Asuras», in: *Geisteswissenschaftliche Menschenkunde* (GA 107)

Das Ereignis der Christus-Erscheinung in der ätherischen Welt (GA 118)

«Et incarnatus est», in: *Mysterienwahrheiten und Weihnachtsimpulse* (GA 180)

Der innere Aspekt des sozialen Rätsels (GA 193)

Die Sendung Michaels (GA 194)
Geistige Wirkenskräfte im Zusammenleben von alter und junger Generation. Pädagogischer Jugendkurs (GA 217)
Das Miterleben des Jahreslaufes in vier kosmischen Imaginationen (GA 229)
Esoterische Betrachtungen karmischer Zusammenhänge. Band II (GA 236) und Band VI (GA 240)
Das Initiaten-Bewusstsein (GA 243)
Die Weihnachtstagung zur Begründung der Allgemeinen Anthroposophischen Gesellschaft 1923/24 (GA 260)
«Die Entwicklung der Baukunst im Zusammenhang mit den Jahrtausendwenden», in: *Wege zu einem neuen Baustil* (GA 286)
Schöpfen aus dem Nichts. Wahrheit, Schönheit, Güte. Drei Vorträge. Hrsg. von Jean-Claude Lin, Verlag Freies Geistesleben, Stuttgart ²2010.

Werke von Bernard Lievegoed in deutscher Sprache

Entwicklungsphasen des Kindes. Mellinger Verlag, Stuttgart 1986.
Lebenskrisen – Lebenschancen. Die Entwicklung des Menschen zwischen Kindheit und Alter. Kösel Verlag, München ¹²2001.
Mysterienströmungen in Europa und die neuen Mysterien. Verlag Freies Geistesleben, Stuttgart. Überarbeitete Neuauflage 1991. Neuausgabe unter dem Titel: *Alte Mysterien und soziale Evolution. Gesellschaftliche Krisen und Entwicklungsmöglichkeiten.* Verlag Freies Geistesleben ²1993.
Soziale Gestaltung am Beispiel heilpädagogischer Einrichtungen. Eine Vortragsfolge. Info3-Verlag, Frankfurt am Main 1990.
Der Mensch an der Schwelle. Biografische Krisen und Entwicklungsmöglichkeiten. Verlag Freies Geistesleben, Stuttgart ⁵2012.
Heilpädagogische Betrachtungen. Edition Bingenheim, Echzell 1986. Neuausgabe Verlag Freies Geistesleben, Stuttgart 1995.
Organisationen im Wandel. Die praktische Führung sozialer Systeme in der Zukunft. Haupt Verlag, Bern 1974. Neuausgabe unter Mitarbeit von Friedrich Glasl unter dem Titel: *Dynamische*

Unternehmensentwicklung. Grundlagen für nachhaltiges Change Management. Verlag Freies Geistesleben und Haupt Verlag, Stuttgart/Bern [6]2021.

Planetenwirken und Lebensprozesse in Mensch und Erde. Verlag Freies Geistesleben, Stuttgart [6]2002.

Besinnung auf den Grundstein. Verlag Freies Geistesleben, Stuttgart [2]1993. Neuausgabe als Taschenbuch, Verlag Freies Geistesleben, Stuttgart 2023.

Über Institutionen des Geisteslebens, Konferenz für Heilpädagogik und Sozialtherapie. Dornach 1989.

Durch das Nadelöhr. Ein Leben mit der Anthroposophie. Interview von Jelle van der Meulen. Verlag Freies Geistesleben, Stuttgart [3]1994.

Eine Kultur des Herzens. Vorträge, Essays und Interviews. Verlag Freies Geistesleben, Stuttgart 1994.

Über die Rettung der Seele. Das Zusammenwirken dreier großer Menschheitsführer. Verlag Freies Geistesleben, Stuttgart 1993. Neuausgabe als Taschenbuch unter dem Titel: *Über die Rettung der Seele. Ein Vermächtnis.* Verlag Freies Geistesleben, Stuttgart 2023.

Bernard Lievegoed

Über die Rettung der Seele

Ein Vermächtnis

ISBN 978-3-7725-3310-5
126 Seiten, kartoniert

Über die Rettung der Seele behandelt dringende Fragen, die die inneren und spirituellen Hintergründe der Anthroposophie und die Aufgabe der anthroposophischen Bewegung in der Welt betreffen. Seine Kernbotschaft ist: Betrachte deine eigenen Nöte und Freuden nicht als ausschließlich persönlicher Natur, sondern versuche sie als Ausdruck von etwas Allgemein-Menschlichem zu sehen.

Verlag Freies Geistesleben

Bernard Lievegoed

Besinnung auf den Grundstein

ISBN 978-3-7725-3311-2
109 Seiten, kartoniert

Die Grundsteinmeditation als zentraler Text der Anthroposophie wird in dieser konzisen Studie in ihrer historischen und esoterischen Bedeutung untersucht.

Insbesondere zeigt Bernard Lievegoed, inwiefern der Grundstein des Goetheanum als ein «Liebesgebilde» zu verstehen ist, dessen meditative Betrachtung uns dazu befähigen kann, «das Gute zu tun in der jeweiligen konkreten Situation».

Verlag Freies Geistesleben

F. W. Zeylmans van Emmichoven

Der Grundstein

ISBN 978-3-7725-3309-9
111 Seiten, kartoniert

Die sogenannte «Grundsteinmeditation» ist einer der wichtigsten Meditationstexte Rudolf Steiners, weil sie in mantrischer Verdichtung wesentliche Grundgedanken der Anthroposophie enthält. Zur Deutung und Bedeutung dieser Meditation hat sein Schüler F. W. Zeylmans van Emmichoven eine wegweisende Einführung verfasst, die selbst zu einem Klassiker der anthroposophischen Literatur geworden ist.

Verlag Freies Geistesleben